Tuba

もっと音楽が好きになる 上達の基本 テューバ

次田心平 著
Shimpei Tsugita

音楽之友社

はじめに

　じゃんけんに負けた、先生に説得された —— これが、私がテューバを始めたきっかけです。
　ただ、部活のテューバの先輩が人間的に面白い人で、その先輩が青い表紙の基礎教本を毎日さらっているのをカッコイイなあと思い、テューバという楽器そのものよりは、テューバの先輩と演奏できる楽しさのほうに魅力を感じて、自然と楽しく練習できるようになりました。
　このように、私はまず自分と関わった「人」に興味をもち、音楽の世界はそこから自然に広がっていったのです。下のほうから全身に伝わるテューバの響きが快感でした。

　中学生のときは、コンクールの強豪校が演奏しているビデオを見せられて「はいっ（このとおりにやりなさい）！」と指示されて、何も考えずに羊のように従わされるのが本当にいやでした。みんなで楽しく吹きたいのに自由がない。個人練習もしたいのに合奏ばかりさせられる。それでも、コンクールで頑張って演奏がうまくいけばうれしかったし、結果がダメでへこんでも、自分たちなりに頑張ったのだと思えたので、それもまた意味のあることだったと今は思えます。

　自分の力が「伸びた」と実感したのは、高校に入ってからです。2年生のときに入ってきた1年生の後輩が、音楽の知識を持っている人だったので、「自分もちゃんとしないといけないな」とあおられて音楽に打ち込むようになり、伸びました。

2年生のときには、テューバ奏者のペラントーニさんに演奏を聴いていただいて、アメリカのインディアナ大学への入学を勧められました。人にほめられてうれしくなったことが、また伸びるきっかけになりました。
　さらに3年のときには、ジーン・ポコーニーさんのリサイタルに行き、世界のトップ奏者の音を間近に聴きました。ホールいっぱいに響いて、聴き手を包み込む音には衝撃を受けました。CDもすごいと思っていたけれど、生演奏はもっとすごかった！

　オーケストラのテューバ奏者はせいぜい一人、多くて二人しかいません。自由が効く楽器ということもあって、性格的には平和な人が多いと思います。しかし、アンサンブルになると周囲と合わせなければいけないことも多いので、当然、協調していくようになります。協調を保った範囲の中で自由を探ることが面白くなると、演奏の面白さがわかってきます。

　この本には、楽器を吹くための基本的な話から実際の練習方法、そして楽器で表現をすることや心構えなど、私なりに思っていることを書かせてもらいました。
　この本を読んで少しでもテューバを好きになって、音楽を好きになって、楽しい毎日を過ごしてもらえるようになってくれたらうれしいです。

次田心平

もっと音楽が好きになる
上達の基本 テューバ

CONTENTS

はじめに ・・ 2

きほんの「き」 音楽を始める前に　　7

- その❶ 楽器を吹く前に ・・・・・・・・・・・・・・・・・・・・・・・・・・・・・・・・・ 8
- その❷ 呼吸法 ・・・ 10
- その❸ 楽器の構造 ・・・・・・・・・・・・・・・・・・・・・・・・・・・・・・・・・・・・ 15
- その❹ 楽器の構え方 ・・・・・・・・・・・・・・・・・・・・・・・・・・・・・・・・・ 19
- その❺ アンブシュア ・・・・・・・・・・・・・・・・・・・・・・・・・・・・・・・・・・ 22
- その❻ マウスピース ・・・・・・・・・・・・・・・・・・・・・・・・・・・・・・・・・ 28
- その❼ 演奏を助けてくれる道具たち ・・・・・・・・・・・・・・・・・ 30
- その❽ 音への意識を育てる ・・・・・・・・・・・・・・・・・・・・・・・・・ 34

きほんの「ほ」 自由に音を奏でよう　　35

- その❶ 目指す音 ・・・・・・・・・・・・・・・・・・・・・・・・・・・・・・・・・・・・・ 36
- その❷ ウォームアップ ・・・・・・・・・・・・・・・・・・・・・・・・・・・・・・・ 39
- その❸ ロングトーン ・・・・・・・・・・・・・・・・・・・・・・・・・・・・・・・・・ 44
- その❹ リップ・スラー ・・・・・・・・・・・・・・・・・・・・・・・・・・・・・・・ 45
- その❺ タンギング ・・・・・・・・・・・・・・・・・・・・・・・・・・・・・・・・・・ 47
- その❻ レガート、テヌート、スタッカート ・・・・・・・・・・・・・ 49
- その❼ ヴィブラート ・・・・・・・・・・・・・・・・・・・・・・・・・・・・・・・・・ 52
- その❽ その他の奏法 ・・・・・・・・・・・・・・・・・・・・・・・・・・・・・・・ 53
- その❾ スケール ・・・・・・・・・・・・・・・・・・・・・・・・・・・・・・・・・・・・ 54
- その❿ 音域の拡大 ・・・・・・・・・・・・・・・・・・・・・・・・・・・・・・・・・・ 55
- その⓫ ダイナミクスの拡大 ・・・・・・・・・・・・・・・・・・・・・・・・・ 57

目次

その⑫ ピッチの合わせ方 ･･････････････････････････････ 58
その⑬ 呼吸と演奏 ････････････････････････････････････ 60
その⑭ 教則本 ･･ 62
その⑮ １日１０分のデイリートレーニング ･･･････････････ 63
その⑯ 息、テクニック ･･････････････････････････････････ 64

きほんの「ん」　奏法から表現へ　　　　　　　　　　65

その❶ 独奏楽器としてのテューバ ･･････････････････････ 66
その❷ アンサンブルの喜び ････････････････････････････ 68
その❸ 合奏におけるテューバ ･･････････････････････････ 70
その❹ アンサンブルにおける音程 ･･････････････････････ 72
その❺ スコアを見る ･･････････････････････････････････ 73
その❻ 自分を伸ばす ･･････････････････････････････････ 76

きほんの「上」に　楽しく音楽を続けよう　　　　　　77

その❶ 練習の組み立て方 ･･････････････････････････････ 78
その❷ 楽器のメンテナンス ････････････････････････････ 80
その❸ 楽器を習う、楽器を教える ･･････････････････････ 84
その❹ 次田心平の素(もと) ････････････････････････････ 86
その❺ 失敗に学ぶ ････････････････････････････････････ 87
その❻ 一生音楽と付き合うために ･･････････････････････ 89

おわりに ･･ 91

特別寄稿「本番力」をつける、もうひとつの練習
● 誰にでもできる「こころのトレーニング」(大場ゆかり) ･･････ 92

[とじこみ付録] 次田心平オリジナル　デイリートレーニング・シート

※ 本書は『Band Journal』誌 2005 年 5 月号から 2006 年 4 月号に連載された
「演奏に役立つ ONE POINT LESSON」に大幅な加筆訂正を行ったものです

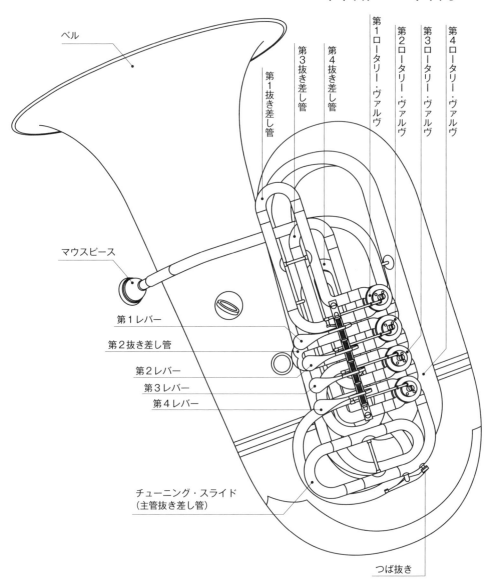

きほんの「き」

音楽を始める前に

Tuba

楽器を吹く前に

　私がテューバを吹く前に大事にしているのは、演奏のモチベーションを高めておくことです。これはきっとどのジャンルにも通じると思いますが、ものすごく重要なことです。テューバを吹きたい、うまくなりたいというモチベーションを高めておくと、技術的に難しいことでも乗り越えやすくなります。

●「良い音」にあこがれる

　まず「良い音」の出し方に興味をもちましょう。そしてコンサートやCDで「良い演奏」を聴きましょう。大事なのは感覚を研ぎ澄ませて聴いたり、見たり、感じたりすることです。そうするうちに良い演奏かそうでない演奏か判別する力が育ち、音楽的に吹こうという気持ちになります。

　レッスンでも、先生の良いお手本を積極的に取り入れようとする姿勢が大事です。間近で良いところを吸収しようとまねすれば、どんどんうまくなりますし、「他人に負けたくない」という気持ちや、探究心や競争心も伸びるために必要な要素です。受け身のままでは伸びません。

　挫折したり悔しい思いをしたりすることも、あなたを上達へと導く貴重な経験なのです。

●「良い音」をイメージする

　楽譜を見て演奏するときは今からどんな音色を出すのか、これまで頭の中にためてきた「良い音」のイメージをしっかりもって、吹き始めましょう。

　これはエチュードを吹くときも同じです。吹き始める前に音程や音価、フレージングだけでなく音色まで意識し、それをコントロールすることが大切です。イメージも聴き手に伝わらなければ表現になりません。少しくらいおおげさに表現してみることや、演奏を録音して自分で聴いてみる確認作業も大事にしましょう。

●頭の中に「先生」をつくる

モチベーションを高めたうえで、次に重要なのが自分の頭の中に「優秀な先生」をつくっておくことです。先生とはすなわち**「判別する力」**です。

「良い音」かどうか、「良い演奏」かどうか、客観的に判別する力を高め、練習に生かすのです。

エチュードを吹いた後に、必ず今の演奏はどうだったか、うまくいったところはどこか、うまくいかなかったところはどこか、常にチェックします。うまくいったところは次もそうできるように。うまくいかなかったところは次にはそうならないように、考えて練習します。そうすることで、一歩一歩上達していくのです。

●自分を肯定する

ネガティブな気持ちでは何事もうまくいきません。「テューバを吹くことが楽しい」と思える練習環境をつくりましょう。

私は最初から「プロの奏者」を目指していました。単に勘違いをしていたのかもしれませんが、心掛けていたのは「自己肯定」です。部活一から高校一、さらに京都一、全国一を目指すなど、どんどん野心の範囲を広げていきました。テューバ・パートだけでなく、それ以外の金管楽器の人たちと比べても良い音を出そうと競争心を燃やしました。

●気乗りしない日は吹かない

つらくなるまで無理に楽器を吹くことはありません。

高校入試の勉強で1か月間テューバを吹かなかったことがあり、1か月ぶりに吹くと唇がかゆくなりましたが、2〜3日でまた元に戻りました。

長い間吹かずにいると技術が落ちると言う人がたくさんいますが、そんなことはありません。場合によっては良くなることもあります。あなた自身が吹きたくなかったら吹かない。いやなときは練習しない。私も気持ちが乗らない日は練習しません。ストレスをためるくらいなら、かえって練習しないほうがいいのです。

きほんの「き」

呼吸法

「呼吸法」と言っても実はそんなに難しいものではありません。

呼吸そのものは、誰に教えられるわけでもなく、生きるために誰もがしていますよね？　そう、**人は生まれながらにしてブレスの達人**なのです！

ただし、テューバを吹くときにはふだんの呼吸以上に息を使わなくてはいけません。そこが違いです。

●息の通り道

体の中にしっかりと「息の通り道」をつくってあげましょう。テューバに限らず管楽器を吹くときのイメージとして参考になるのは、水鉄砲です。限られた水の量を遠くに飛ばす水鉄砲の仕組みは、管楽器を吹くときの呼吸器官の構造に大変似ています。

吹くときにポイントとなるのは、次頁の図１で示した３箇所です。

まず**Ｃポイント**。人間では横隔膜、水鉄砲では引き金にあたります。ここが息（水）を吐くのか吸うのかを決めます。

次に**Ｂポイント**。人間では首（気管）にあたります。テューバを吹くとき、ここを力ませてはいけません。喉を開いて楽に息を通しましょう。

最後に**Ａポイント**。顔全体でスポイトのように息を押し出していませんか？　できるだけ楽に息が通り過ぎるようにしましょう。唇で抵抗を作り、息の圧を高めれば、効率よく良い音で吹くことができます。

水鉄砲のように唇の出口直前までは息は太いまま流れます。出口が良いアンブシュアになっていれば、水鉄砲が発射する水のように、細いスピードのある息が出るのです。

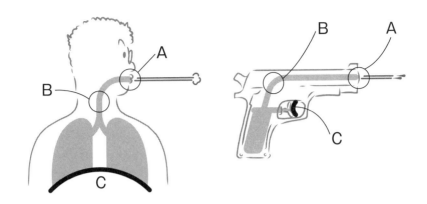

図1　呼吸の仕組みと水鉄砲の仕組みはとても似ている。A、B、Cの3箇所を確認しよう

●息を吸う

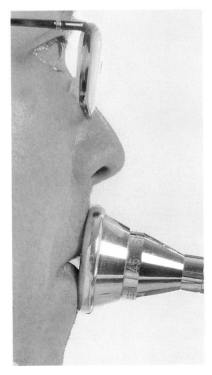

写真1　息を吸うときには楽器の外の空気を吸おう

　演奏するときに、息をたくさん吸おうと顎を動かし過ぎて顎を壊してしまった人がいます。喉仏を少し下げるようにして、喉を少し開きましょう。開け過ぎはいけません。

　唇をマウスピースに付けて吸うと楽器の中の汚い空気が入ってくるので、マウスピースから少し浮かせて楽器の外から吸います。（写真1）

　うまく息を吸えないと、うまく息を吐けません。また逆に、うまく息を吐けないとうまく息が吸えません。まずは体を柔らかくしましょう。特に肩を柔軟に。力を入れずに、リラックス。そして、深呼吸のように楽に息を吸いましょう。

きほんの「き」

息をたくさん吸った状態で、さらに吸い込みます。そして、そのまま息を止めた状態で体を動かして上半身のストレッチをします。これをやると、息の入る場所が広がります。最近、息をたくさん吸うとからだの中でボコッとおなかの音が聞こえるから、たっぷり吸えないという話を耳にします。しかしそれは気にせずたっぷり息を吸い込みましょう。

●息を吐くとき

ブレスでは吸うことばかりを考えがちですが、吐くこともとても大事です。

息を吐くときのイメージは、弓矢（図2）が近いです。張った弓の弦を押すのではなく、**放すだけ**。顔や口の形を前に突き出すようにして息を押し出さないようにしましょう。テューバだからといって、開けすぎないでください。リコーダーを吹くとき、そんなに口を開けないですよね？

間違った呼吸方法は早めに直し、無駄のない状態で息を吐けるようにしましょう。

図2　息を吐くときは、弓矢のイメージ。力で押すのではなく、放すだけ

●「犬の呼吸」

演奏で音の出がブレスで遅れてしまうことは、ありがちな問題です。これは息をたくさん吸うから起こることで、息を吸ったり吐いたりの「切り替えスイッチ」をスムーズにすることで改善します。皆さんは犬が舌を出して「ハッ

ハッハッハッ」とおなかを動かしながら息をしているのを見たことがありますか？　その「犬の呼吸」をまねしてみましょう。どの音でもよいのでメトロノームを♪＝120に設定して、楽器を持たずに8分音符で息を吐き続け、1音吐くたびに遅れず吸います。

譜例1　楽器なしで、息だけで「犬の呼吸」をしてみよう

　これができる人は、すでにスムーズな「スイッチ」をお持ちです。うまくいかない場合は、息を吐くことに力が入っています。吸うときも吐くときも、先ほどの図1のAポイントとBポイントには力が入らないよう注意しましょう。

　もちろん、楽器を使っても練習できます。自分の持っている管のほうで練習しましょう。それぞれの管の開放された響きで吹きます。

譜例2　自分の楽器の管の楽譜を選んで練習してみよう

●無理をしない

　昔から横隔膜や腹筋を使った「フル・ブレス」がいいと言われています。しかし、無理に吸っていると体によくありませんので、自然な深呼吸の延長だと思いましょう。

　人は、ふだん呼吸するのに無理をしません。楽器を吹くときも、この呼吸の延長がいいのです。**呼吸を気にするより、音楽に集中しましょう。**

● **リラックスするために**

　肺にある程度空気が残っている状態から息を吸い始めましょう。無理に最後まで吐ききらないことです。無理に出し切ると体が固くなり、リラックスして息が吸えません。

　また、喉で締めて息を出さないよう注意しましょう。オペラ歌手は大きな声を出しますが、喉は締めていません。ガラスに向かって息をはーっと吹きかけるような力の抜けた感じをイメージしましょう。

● **小柄な人の場合**

　小柄な人は肺活量は少なめですが、肺活量を増やすトレーニングは、身長を伸ばせと言うのと同じように無茶なことです。しかし、本来備わっている呼吸機能を十分に使い切れていないかもしれないので、体をたくさん使えるようにするための呼吸練習はしたほうがよいでしょう。息の使い方をトレーニングする器具がいろいろあります。それらを使って、効率のいいブレスの仕方を学ぶのもよいでしょう。

　8分音符を一つ吹くのに肺活量は関係ありません。長いフレーズを吹くときも、大きな「隙間」を入れずに、吸ったり吐いたりすればいいのです。むしろ、無理に音を延ばそうとして、体が硬くなって演奏に余裕がなくなるほうがよくありません。

● **必要な分だけ吸う**

　皆さんは「いつも」目いっぱい息を吸いますか？　「フル・ブレス」が力みにつながっている例をよく見かけます。息を吐くときに力が入ると、吸うときに声が出てしまいます。

　ですから、これから吹くフレーズを役者の「セリフ」と考え、そのセリフを言い切る分の息を吸う、と考えてみましょう。「あるフレーズを吹くのにどれだけ吸うとちょうどよいか」を、常に適切に判断できるよう意識しましょう。結果として、自然に吹けるだけのブレスを取れるようになるのが、いちばんいいのです。

楽器の構造

写真2 （左）F管ロータリー式テューバ （右）C管ピストン式テューバ

　テューバは19世紀になってから登場した、歴史の浅い楽器です。形や管の長さ、太さにはさまざまなものがあります。B♭管、C管、E♭管、F管の4種類の管があり、ピストン・ヴァルヴとロータリー・ヴァルヴの2種類があります。

　ヴァルヴは多くの金管楽器に備わっている機構です。テューバなら4本の抜き差し管がありますが、ヴァルヴの機構によって、使う管を切り替え、息の通り道を短くしたり長くしたりします。それによって、音が低くなったり高くなったりします。ヴァルヴを切り替えるパーツの形状がピストンとロータリーの違いです。

●B♭管、C管、E♭管、F管の特徴

◆B♭管、C管

　かつてB♭管は正確に音を当てるのが難しいと言われていましたが、メーカーの努力で両者の差はほとんどなくなってきています。ドイツではB♭管が、アメリカや他のヨーロッパ諸国ではC管が主流です。日本でもC管が多いようです。

◆F管、E♭管

　音の輪郭がはっきりしていて、クリアに音を立たせることができます。音域が高いときに使用します。オーケストラで吹く場合はF管を使うことが多いです。E♭管はイギリスの金管バンドや吹奏楽で多く用いられます。オーディションなどでは必然的にF管を求められます。E♭管やF管で芯のある音を出せるよう練習すると、B♭管やC管も吹きやすくなります。また、「歌う」勉強にはソロの曲をE♭管やF管で吹くのがよいでしょう。

●音の読み方

　テューバの楽譜は、ピアノと同じように、楽器から実際出ている音と楽譜の音の高さが一致します。例えばB♭管の場合、実音（実際に響いている音の高さ）の 𝄢 をシ♭と読むのが一般的です。C管でも同じく 𝄢 をシ♭と読みます。ただし、B♭管とは押さえる指が違います。E♭管とF管も、同じ実音に対して、それぞれの運指をもっています。

　E♭管やB♭管の場合、金管バンドではヘ音記号ではなくト音記号のin B♭で書かれている楽譜が多いです（楽譜の 𝄞 が実音の 𝄢 ）。「移動ド」読みができたほうが、楽器の持ちかえに対応しやすいというメリットがあります。またB♭管には、 𝄢 をドと読むB♭読みの場合もあるので混同しないよう注意が必要です。

　本書に載っている練習課題はB♭管用とC管用の楽譜を両方載せているので、B♭管、C管のどちらでも同じ運指で練習が可能です。なお、本書では音名を英語で書いていますが、吹奏楽やオーケストラの現場ではドイツ音名で表現されることが多いので覚えておいて損はないですよ。

●楽器の選び方と使い分け

　テューバは個体によって、性能にかなり差があります。楽器には奏者との相性があるので、あなたの気に入った吹きやすい楽器や、好きな音色のする楽器を選ぶのがいいでしょう。もし何かアドヴァイスできるとしたら、「音程が取りやすいかどうか」、「吹いていて自分が心地いいかどうか」という基準で選ぶことです。楽器を始めたばかりの人は、無理に急ぐのではなく慣れてきてから購入を考えても大丈夫です。ただし、学校の所有楽器など「借り物楽器」を使っているのなら、マウスピースだけは自前にしましょう。

●テューバの仲間

　テューバが現在のかたちになるまでには、いろいろな楽器が歴史上に存在していました。

◆セルパン
　木製で、蛇のようなS字形の楽器。教会でよく使われていました。

◆オフィクレイド
　金属でできたファゴットのような形。ベルリオーズの時代に使われていました。

◆チンバッソ
　ヴェルディが発明したといわれている、トロンボーンのスライドをヴァルヴに変え、T字で縦に構えられるようにしたもの。コントラバス・トロンボーンと同じ音域。ヴェルディのオペラでよく使われます。

◆ヘリコン
　軍楽隊が行進して演奏できるように改良された、肩にかつぐ楽器。スーザフォーンの祖先。

◆スーザフォーン
　アメリカの作曲家、スーザがヘリコンを改良した楽器。パレードや、ディキシーランドジャズ、マーチングなどによく用いられます。基本的にテューバと吹き方を変える必要はありません。ただ、会場による響きの違いを気にしましょう。エコーが長い場所では短めに、響かない場所では長めに吹くように心掛けましょう。

譜例3　同じ音が鳴っていても、押さえている指は管によって違う

●楽器の個体差

◆サイズ

　テューバのサイズは、ベルの直径などやボア（管の円周部分の直径）の太さにより、小さい順から「4分の3」、「4分の4」、「4分の5」、「4分の6」と分けられますが、メーカー共通の明確な規格はありません。管の太さは太い管から、ごく細い管まであり、管の巻き方によっても抵抗やサイズが違います。

◆楽器の重さ

　B♭管の楽器で重さは9キロから10キロ程あります。重い楽器は音も重くなり、「反応の早さ」も弱まります。ハンドメイドの楽器は、機械には作れない「薄さ」と「軽さ」があります。

◆マウスピース

　V字カップ、U字カップ、スロートの長さや口径、リムの厚さやメッキの種類などの組み合わせによりさまざまなヴァリエーションがあります。メーカーによっても形状が違うので反応の良さや抵抗が変わってきます。

◆ベルサイズ

　テューバのベルサイズはボアのサイズで測ります。トランペットとフリューゲル・ホルンの差のように、ベルは大きければ大きい音が出やすくなります。小アンサンブルには小さいベルが合いますが、オーケストラやブラスバンドには大きいベルがおすすめです。

　ラッカーやメッキの塗り方によっても「音の指向性」は変わります。ラッカーのベルは音が広がりやすく、シルバーはハッキリとした音になります。銅が混ざっている赤ベルと言われる楽器は柔らかい音色がします。

楽器の構え方

構え方はとても簡単です。まず、椅子に真っすぐ座りましょう。そして、操り人形のように頭の上から天井に向かって糸が張ってあると思って、それ以外の力を抜いてみましょう。足は大きな木の根っこになったつもりでどっしりと床の上に置きます。そして左の太ももに楽器を乗せてください。マウスピースの位置は、自分の口の位置より高い場合は少し足を開いて楽器を低くし、低い場合は逆に足を閉じて高さを調節してください。また両足の間の椅子の上に置いてもかまいません。

太ももから楽器が滑り落ちて構えにくい場合は、ホームセンターなどで売っている滑り止めのゴムシートを使用するとよいですよ。

写真3　足が木の根っこになったつもりで座る

写真4　滑り止めのゴムシートがあると構えやすい

●無理な姿勢にならないように構える

　大切なのは、自分が楽器に寄っていかなければいけないような、無理な姿勢にならないことです。

　まず、息が体に入りやすい状態で座って、それから楽器を自分のほうに持ってきましょう。背中が曲がると、息も入りにくく無駄な力も入ってしまうので、自然体な姿勢を意識してください。

　ほかにも**テューバ・スタンド**や椅子の上（太ももの間）に置いて吹くなどできますが、とにかく自然に座って、自分のほうに楽器を近づけて構えましょう。構える際には、脇などに余分な力が入らないようにします。

　最初からスタンドが装着されている**テューバ・チェア**という椅子もあります。まだ日本にはあまり入ってきていませんが、オペラなど長い本番では、非常に楽に吹ける椅子です。

●フィンガリング

　ピストン方式でもロータリー方式でも、この楽器はもともと、右手を心地よく添えることができるように設計されています。指の形はほどよく曲がっ

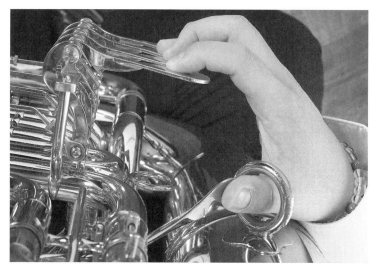

写真5　親指をフックに掛け、ほかの4指はロータリーから離れないように

写真6　ロータリーにコインを貼った例　　写真7　ピストンにコルクを貼った例

ている感じ。ロータリーの場合は、ロータリーから指が離れないようにします。親指がハネてあばれないよう、フックにかけたままで演奏しましょう。

　手の小さな人は、押さえる箇所にコインを貼ったり、コルクを貼ったりして、押しやすさを追求しましょう。

　テューバは大きな手の人のための楽器でもあるので、ロータリーやピストンを心地よく押さえられるように工夫しましょう。コルクは自分で取り付けられますが、コインは楽器店で付けてもらいましょう。

●ベルの向き

　テューバはオーケストラやブラスバンドでは客席から見て舞台の右側（上手（かみて））に座ることが多いです。しかしアップライト型のいわゆる「縦バス」の楽器は、ホルンと同じようにベルを後ろに向けて吹くことになります。実際に発音したタイミングよりも、客席で聞こえる音は遅れがちになるので注意が必要です。会場の様子によってベルの向きを変えましょう。コンクールのように初めての会場で本番がある場合は、よく似た会場でシミュレーションするしかありません。

アンブシュア

　アンブシュア（embouchure）とは、吹き口、歌口という意味のフランス語です。ここで大切なのは、楽器から出ている音が自分のイメージどおりかどうかです。極論を言えば、どんな吹き口でも出ている音が良ければそれでよいのです。良い音で吹きやすければ、それはほぼ良いアンブシュアで吹けている、と言えます。

　ですから、口の形を意識しすぎて、本来やりたい音楽にブレーキをかけないようにしましょう。そこさえ意識できれば、知識として正しいアンブシュアを知っておくことは悪いことではありません。これを忘れないようにして、この先を読んでくださいね。

●アンブシュア

　テューバのアンブシュアで大切なのが、唇の両端（口角）を平らにすることです。唇を突き出したりとがらせたりせず、漢字の「一」のように平らに保って吹くことがポイントです。これはたとえば、ギターやヴァイオリンな

写真8　（左）広角を平らに保った良いアンブシュア　（右）唇を突き出した良くないアンブシュア

どの弦を水平に留めてあるのと同じです。ゆるんだ弦で演奏すると、ボヨンとした音しか鳴りませんね。同じように、唇もある程度張らないと音を出すのが難しくなってしまいます。

唇の両端を適度に留められたら、今度は唇の真ん中に人さし指の爪の先をかむ程度に歯を開けてください。開けなければ、と意識するのではなく、力を抜いたら勝手に開いてしまったというくらいです。もちろんこれにもさじ加減があるので、適度なところを探しましょう。

歯ではなく唇を開けて吹いている人が多いのですが、唇を歯と同じように空けてしまうと、歯でバズィングしているような状況になってしま

写真9　人さし指の爪の先をかむ程度に歯を空ける

います。唇はむしろ閉じて、自然に口を閉じているような状態で吹けるのがベストです。このとき無理に顎に力を入れると、顎の付け根に負荷がかかりやすく、顎関節症になりやすいので注意しましょう。唇に無駄な力を入れず、息を吐き出すことができれば、音はボーンと抜けた良い響きがします。

●息の出口はコンパクトに

アンブシュアは、息を効果的に束ねるために必要な技術です。先端がとがった鉛筆のように、息の出口に向かって焦点が小さく絞られます。弦楽器でも長い弓が弦に接している面積は本当に狭いものですが、それと同じです。

とがった鉛筆をイメージしてください。鉛筆の先端の形のように、息の流れをコンパクトに絞るのが唇の役割です。この「息の絞り」が甘く、太く出しすぎ

図3　息の流れの出口は鉛筆の先のようにコンパクト

ている場合が多いのですが、実際にはコンパクトにまとめて口から出すのがよいのです。息の出口が広がらずコンパクトにできるほど、ちゃんと良い音が鳴り楽に音を出せるのです。**口の中は広く、唇の穴は小さく！**

●舌のポジション

　舌の位置は、母音の「ア」の口で「オ」と言うときのようにしましょう。あまり奥に引っ込みすぎず、力みが抜けた状態です。喉を下前方に出すようにして位置を下げると、自然と「オ」の舌になります。口腔（こうくう）は広めにする必要がありますが、舌を下げ過ぎると余計な力みにつながり、喉にストレスをかけてしまいます。どうしたら息をスムーズに流せるかがポイントです。

　鳴っている音をよく聴きながら舌と喉の位置をいろいろ変えてみましょう。自分の好きな音と、舌と喉の位置を体得しましょう。

●マウスピースの位置

　マウスピースを当てるとき、上下の唇のどこにウェイトを置いて吹けばよいでしょうか。上唇に置く、下唇に置く、中央に置く、などいろいろなタイプがあって、どれも間違いではありません（次ページ写真10、11）。しかし、相性のよくない吹き方に慣れてしまうとあとから修正するのが大変です。早い段階で自分にしっくりくる位置を決めましょう。

　テューバのマウスピースは大きいのでほおを膨らませがちですが、ほおは膨らまないほうがいいですね。音の輪郭がぼやけた、ほわっとした音になってしまいます。水鉄砲（p.11参照）と同じ構造で、息の出口は意外と狭いものです。ちょっと太めのストローに息を入れる感覚で、ほおを膨らまさず、くっきりはっきりした音で吹きましょう。

●アンブシュアの練習方法

①唇の間に指を入れてトレモロさせる

　次ページの写真12のように、指を上下交互に素早く動かしながら息を通すと、ボボボボボボという感じに震えます。狭い範囲で振動を無駄なく

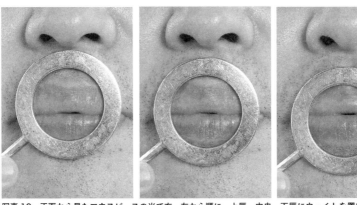

写真10　正面から見たマウスピースの当て方。左から順に、上唇、中央、下唇にウェイトを置いている

写真11　横から見たマウスピースの当て方。左から順に、上唇、中央、下唇にウェイトを置いている

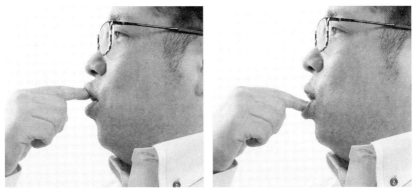

写真12　指を唇の間で素早く上下にトレモロさせると唇が震える。振動を無駄なく感じて唇をリラックス！

感じることと、唇をリラックスさせることができます。

②唇で指を挟んで息を出す

指先をくっつけて輪にしたものを唇で挟んでフーと息を出し、唇が勝手に指の隙間を振動させる状態をつくります。ホースの先をつまんで水を細く出す要領です。唇から先の息の太さとスピードをつかめれば、音はつくれます。唇の振動とかは考えないように。

あとは耳で良い音を聴いて、感覚でつかみましょう。

写真13　指先の隙間に息が通り、息のフォーカスを感じられるように

アンブシュアは、知らない間に緩んでいたり、いつもと違う感覚になってしまったりと、とても繊細なものです。

テューバでは、マウスピースが大きい分、唇全体で吹きすぎて、知らない間に歯と唇の間に空気が入り込んでしまい、緩んだ状態で無理をして吹いてしまっている場合があります。私は下唇を歯に沿って張って、緩まないようにしています。唇が歯に張り付いてる感覚に近いです。少数派ですが、上唇を張って吹くほうが相性の良い人もいます。効率の良い吹き方を日々探して、アップグレードしてくださいね。

体全体を映せる鏡を使って、「楽に吹けているかどうか」というチェックを欠かさないようにしましょう。「良い音」が「楽に」吹けていれば、まず問題のある方向には向かっていないので、安心してください。

●演奏する息は「竜巻」のイメージ

マウスピースから入った息が、楽器の中をめぐってベルから音として出ます。その音が出るまでの息の密度やスピードを、私は「竜巻」のようなイメージに捉えています。つまり、「直線」ではなく、「楽器の隅々まで鳴らす」息で

す。高い音は細かい渦、低い音はゆったりした渦というように、その音に合った竜巻を起こせばその音が鳴るというイメージです。また弦楽器の弓の動きのように、息のスピードが途中で失速して下向きに落ちないように、pのときもしっかり芯のある息を出しましょう。ただし、頑張って「竜巻」を起こそうとすると、力んで良い音にならないので、楽に息を吐きましょう。

図4　息を竜巻のように送り込むイメージ。高音は細かい渦、低音はゆったりした渦で楽器全体を鳴らす

コラム　アンブシュアをめぐるあれこれ

●口周筋は鍛えるべき？

テューバは吹いているうちに自然に筋肉がついてきます（特に高音）。なので口の筋肉を鍛えることよりも、息をすべて音にすることを考えるほうが大事です。

●歯と唇の間に空気が入り込む

ストローでコップの水をブクブク吹くことを想像してみてください。吸い口に合わせて、息をまとめる感覚で吹いているはずです。同様にテューバでも息がもれないよう、無駄なく息を入れましょう。

●マウスピースの跡が付く

あなたは口の周りにマウスピースの跡が付きませんか？　それは、マウスピースを自分の口にぎゅっと押し当てて唇の血流を悪くしているのが原因なので、やめたほうがいい癖です。マウスピースと口の間から、息がもれなければよいので適度に当てましょう。

●演奏中に鼻から息がもれる

演奏中の発音のイメージを、ナニヌネノからダディドゥデドに変えましょう。ダダダダダとフレーズを歌う感じです。そうすると鼻から息が出せなくなるので、息の出るところが口の方に下がります。良い息がまとまって口から出れば良い音が楽器から出ます。

マウスピース

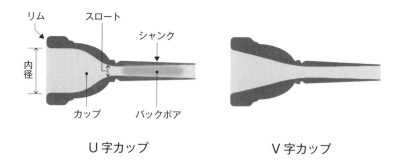

U字カップ　　　　V字カップ

図5　マウスピースの各部分の名称と、カップによる内部形状の違い

マウスピースは内側の形状により、大別してU字カップとV字カップの2種類があります。

●楽器との相性

マウスピースと楽器にも「相性」があり、吹き心地が変わります。例えば、抵抗が強い楽器に浅いマウスピースを付けるのか、深めのものを付けるのか。それだけでも音色がだいぶ変わります。

V字カップは深い感じで自然に鋭く音をまとめられます。抵抗のある楽器はU字カップのほうが合い、口で息をつくってから送る感じになります。最近は抵抗の少ない楽器が人気なので、V字を選ぶ人が多いです。F管用のマウスピースは、若干口径が小さくて、カップの深さも浅いものが多いです。

このほか、材質やメッキなど精製の度合いによっても、響き方や吹き心地は変わります。

●マウスピースの選び方

マウスピースにも（本体ほどではないにしても）個体差があり、楽器との相性や奏者との相性があります。マウスピースを選ぶときは、ふだん吹いている楽器で試し、少し広めの部屋で誰かに聴いてもらいましょう。セレクトのポイントは次のようになります。

> ①自分が吹きやすいかどうか
> ②人に聴いてもらって良い音かどうか

両者が一致していれば、おおむね悪い選択ではないでしょう。自分に合う良い製品である可能性が高いです。

●マウスピース練習はやるべきか

唇の振動とマウスピースの振動の割合を、奏者は好みでミックスしなければなりません。したがって、マウスピースだけで完結するように吹くと、音が詰まってしまう危険性があります。マウスピースでも音が潰れずにいい音を出すように心掛けましょう。

コラム　信頼できる専門店

信頼できる楽器店を作っておくといろいろ助けてくれることがあります。楽器店によって店員さんの意欲はさまざまですが、私の良かったと思う楽器店は、学生を育ててくれる店員さんがいる楽器店。よく通っていたところは、店員さんが楽器の知識が豊富でいろいろ知らないことを教えてくれました。まだ知らなかった有名な奏者の情報も教えてくれました。

リペアを兼ね備えている楽器店もあるので、楽器を持っていくとその場で修理してくれることもあります。楽器店に行くと自分の世界観が広がりますよ。

テューバの扱いのある楽器店は首都圏にまとまってしまうことが多いですが、そうでなくてもマウスピースだけでも置いている楽器店もあるのでいろいろ探索してみてください。

きほんの「き」

演奏を助けてくれる道具たち

楽器で練習できないときは、補助的な道具が役立つかもしれません。場所もそれほど選ばず、気軽に練習できるのがメリットです。

●バズィングとブレス練習の補助グッズ

これらを使うとマウスピースだけで吹くよりも、テューバで吹いている感覚に近くなるので、非常にオススメです。

◆ホース

低音の練習に有用です。15〜25cmのものを用意しましょう（次ページ写真14左）。長すぎると倍音が出てしまうので、ある程度長めのものから始めて、徐々に短くしていって調整するのがよいでしょう。マウスピースを差し込んで吹きます。

◆バープ

金管楽器のバズィング練習器具で、基本はホースと一緒です。楽器に取り付けるので、指をさらいながら吹くことができます。ホースを使うよりも抵抗が小さくなり、息をまとめることが必要になります

◆バザード

アメリカのWarburton社製です（次ページ写真14右）。ホースと同じように持ち運びができ手早くウォームアップすることができます。より楽器の抵抗に近いので自然なアンブシュアで練習することができます。

●ブレス練習の補助グッズ

◆スピロメーター

呼吸器練習器具です（次ページ写真15）。安定した息の流れを作れます。ボールを見ながら空気の流れを感じることができます。マウスピースを差し込んで使う練習もできます。

写真14　ホース（左）とバザード（右）

写真15　スピロメーター。ボールの上下によって空気の流れを目で見ることができる

写真16　2リットルサイズのペットボトル。柔らかめのものを思い切り吸う！

◆**柔らかめの2リットルサイズのペットボトル**

　ベコベコ凹むので、吸う力をつけることができます（写真16）。目で見て分かりやすい、安上がりなグッズです。

◆**エアーバッグ**

　これは単なるゴムの袋ですが、どれくらい息を吸えているか、吐けているかが自分の肺活量を元に目で見ることができます。息を吐くときや曲中の息の使い方の参考にもなる便利な製品。5リットルのサイズがあれば十分です。

写真17 パワーブリーズ。負荷の違うものが出ているが、「超負荷」がお薦め

写真18 ブレスビルダー。ピンポン玉を見ながら息のスピードを調節できる

写真19 紙の動きで息のスピードや量がわかる。手で持つ以外に、上から吊り下げる方法も

◆ POWERbreathe（パワーブリーズ）

　吸うときに負荷をかけて、呼吸筋を鍛えるための器具です（写真17）。これで筋肉を鍛えると、実際のブレスの際に役立ちます。色によって負荷のレベルが選べるのですが、私は超負荷の「赤」をお薦めします。すごくきついですが、効きますよ。

◆ ブレスビルダー

　ピンポン玉が入っている筒です（写真18）。スムーズに息を吐いたり吸ったり、ピンポン玉を見ながら息のスピードを一定にするなど、さまざまな用途で使うことができます。

◆ 紙

　身近な紙も立派な練習道具になります（写真19）。柔らかい紙を目の前にぶら下げて吹いて、紙が動くかどうか試してみると、息のスピードや量を目で見ることができます。

　ちなみに、これらの器具を使った呼吸法の練習は、立ってやったほうが効果的です。また、こうした器具を使わなくても、ふだんから「息を使ってしゃべる」ことを意識するのも効果的です。水泳などの運動も、呼吸法のよい練習になります。

●チューニングの補助グッズ

　チューナーは、使い方しだいで素晴らしい道具になりますが、ピッチを機械でぴったり合わせることを優先しすぎると、楽器本来の響きやアンサンブルの中での和声感を損なう可能性もあります。まずは楽器を心地よく響かせて、そのうえでピッチが合っているかどうかを確認しましょう。

　チューナーよりもオススメしたいのが、**The Tuning C. D.** です。これはひたすら音を延ばしてくれるCDですが、スマホに入れてイヤホンで聴きながら吹けば、とても手軽に音程を合わせる力を鍛えてくれます。ほかにも**Cleartune**というスマホアプリがあり、私はとても重宝しています。

きほんの「き」

音への意識を育てる

●モチベーションの高め方

　何も意識しないまま音を出すのはよくありません。心地よい響きの感覚をつかめるように良い音を知りましょう。

　自分の中にある向上心、ハングリー精神が上達の基本となります。コンサートに行って良い演奏を聴いたり、生の音や良い音の出し方に興味をもったりしましょう。**聴くこと・見ること・感じること**のすべてを使って、レッスンでは先生から良いことを盗もうとする姿勢で臨みましょう。すると、判別する力も育ち、音楽的に吹こうという気持ちになっていきます。ハングリーな気持ちと自分で求める心が、伸びるための要素です。

　悔しい、負けたくないと思う競争心もうまくなるコツ。人にほめられることも伸びるきっかけになります。

●音楽をするとき頭に置いておきたいこと

　楽譜を見ているときは、今から自分が何すべきか「出す音（音色）」のイメージをしっかりもつことが大切。エチュードや教則本を練習する前にも、まずは自分の頭の中でイメージを作ってから音を出しましょう。

　これから演奏する音色まで意識してから音を出す。これがいちばん大事です。

　思った音を出すためには、大げさに表現してみることも大事です。思った音が出ているつもりでも、実際には思ったように出ていないときは、録音して自分の音を聴く確認作業をしましょう。

　本気になれば、音は技術を超えることがあります。まずは意思をもつことが重要です。自分をどこまで追い詰められるか、挑戦してみましょう。

きほんの「ほ」
自由に音を奏でよう

Tuba

目指す音

　楽器を吹いて音を出すには、まずはどんな音が「良い音」なのかを知る必要があります。楽器が心地よく振動しているのが「良い音が出ている状態」なのですが、習い始めたばかりの人には、それがどんな状態であるのかを判断するのはきっと難しいだろうと思います。

●感動する音

　「良い音が出ている」状態を判断できるようになるために手っ取り早いのは、**あなた自身が感動できる音を実際に聴くこと**です。私の場合、これまでに「こんなにホール全体を包み込む音が出るんだ」とか、「なんてつやっぽい音が出るんだ」とか、たくさんの良い音を聴く機会がありました。まずは感動することです。そして「私もそんな音を出したい！」とあこがれることが、良い音への第一歩だと思います。

　最初のうちは。自分が吹いてみたときに、理想の音のイメージとの落差にがっかりするかもしれません。でも、それでいいんです。練習を積んで、ある日良い音が出たときに「これだ！」と判断できるように、**理想の音が頭の中にあることが大切**です。

●まねをする

　さあ、あなたの頭の中で良い音のイメージが成長したら、次は現実の自分をそこに近づける作業が必要になります。良い音を追求するエネルギーを土台にして、良い音をまねしたり、いろいろな方法を試してみます。最初からうまくまねできなくても、継続することで大きな力になってくれます。

　チューバ界のパイオニア、ロジャー・ボボさんのCDをはじめて聴いたとき、ユーフォニアムかと思うほど良い音がして、強烈な印象が残りました。それから、彼が息を吸っている箇所、楽譜と違うことをしている箇所を、全部楽

譜に書き込んで研究しました。コピー演奏ではないかと指摘されましたが、そう言われるくらい徹底して聴きこみ、まねをしました。はじめてその曲を自分で吹いたときは、とてもうれしかったのを覚えています。

ほかにもダニエル・ペラントーニさんのアーティキュレーションや、サム・ピラフィアンさんのまねをしてみたり……。素晴らしい演奏家のまねをすることは、とても大事です。

●楽器本来の音色

演奏中に奏される音と、ただ楽器を吹くときの音は、必ずしも一致しません。楽譜から切り離された音は楽器メーカーが作った音であり、楽器本来の音色であるとも言えます。

楽器本来のポテンシャルを引き出せれば、それがその楽器にとっての「いちばん良い音」になるはずです。「良い音」は楽器によって異なります。決して、奏者の「力み」で楽器本来の音色を消さないこと！

また、管が詰まっていると楽器がよく振動しません。楽器自体がよく鳴っているときには、より多くの振動が手に伝わってきます。詰まりはとっておきましょう。

●好みの音

頭の中で思っていることを楽器でできるような、動きやすさもともなっていることが大切です。「良い音」の中でも「もっとリッチな音が好き」「明るい音が好き」「暗い音が好き」、と突き詰めると好みの音が分かってくるでしょう。

それが分かったら、あとはその音に近づいていくだけ。いろいろな音をたくさん聴いて、自分の好きな音を探しましょう。

●自分の音が聴ける場所

練習場所も良い音が出せるかどうかに影響します。できれば響きのある場所で、自分の音を聴きながら練習できると上達しやすいです（ホール空間で毎日練習できるのが理想です）。学校には、意外と響きのいい場所が多いです。

きほんの「ほ」

私は学生時代、4階まで吹き抜けの階段下で練習していました。大ホールか教会のような響きがしていたことを覚えています。

個人練習やパート練習はできるだけ、自分（たち）の音がよく聴こえる場所で練習するようにしましょう。ほかの楽器と同じ空間で個人練習やパート練習をすると、自分（たち）の音が聴けないデメリットが大きいです。

もしそうした環境が避けられなければ、1日に短時間でもいいので、自分（たち）の音を聴く時間や場所を生み出す努力をしましょう。

●音楽が求める表情

演奏するときは、まずはその曲がどんな雰囲気なのか知ることが大切です。暗い感じの曲なら暗い音、明るい感じの曲なら明るい音が合います。その音色の違いを感じることが第一歩です。音にその音楽が求める「色」を付けましょう。

音色に変化を付けるには、力まないで吹くことが大切です。力まないで吹けば、楽譜が求めるどんな表情、音色にも柔軟に対応できます。力んで音を出すことは、音色に変化を付けられず、楽器の力も引き出すことができません。

遊び感覚で楽器に触れる

私の高校時代、平日は午後5時に学校が閉まり、土日は楽器を学校に置いたままだったので、テューバを吹ける時間はとても短かいものでした。だから、それ以外の時間には別の方法で音楽に触れていたのです。

例えば、通学時間の50分の間にCDを聴くとか、マウスピースにホースを付けて、それを吹きながらCDを聴くとか、自分の部屋でマンガを読んでCDを聴きながらマウスピースを吹く、という感じです。どれも「遊び感覚」でした。実際に楽器を吹けなくてもできることはいろいろあるのです。

ウォームアップ

　一日の最初に楽器を吹くとき、何から始めますか？　人によっていろいろでしょう。プロの奏者の場合もいろいろです。まったくウォームアップがいらない人もいれば、念入りに1時間くらいかける人もいます。私はどちらかと言えば、ウォームアップをしないほうですが、前日に吹きすぎて唇を酷使したときや、休み明けにはウォームアップをします。

　ウォームアップは唇の状態を良くするためにするので、最初から唇が良い状態であれば、ウォームアップは必要ありません。

●ウォームアップの目的

　音出しは、何のためにするのでしょう？　理由は人それぞれですが、

①体を目覚めさせるため
②うまく吹けるか不安な気持ちを解消するため
③周りがウォームアップをしているので何となく

　だいたいこの3つでしょうか？　①と②の理由で音出ししている方は、これまで同様にこれからも音出しを続けましょう。③が理由の方は、音出しはあまり良い習慣にならないので、むしろやらないほうがいいかもしれません。

　皆さんは朝「おはよう」を言うのに発声練習をしますか？　音出しに余計な時間をかける必要がなければ、ほかの練習に時間を費やすことができます。

●体のストレッチ

　ウォームアップとして、まずは体のストレッチをしましょう。「呼吸法」の項目（p.10参照）でも触れたように、体に息がたっぷり入っている状態で、全身をくねらせて肺と肺の周りを広げましょう。ときどきくらくらするかもしれません。けっして無理はせず、自分のペースで、楽に行いましょう。

次田式テューバ体操

息はうまく吸わないとうまく吐けない！
体を柔らかくして肺と肺の周りを広げよう。
特に肩を柔軟に！

写真20 体に息がたっぷり入った状態で柔軟体操。
①肩、②背中、③おなか、④⑤腰、⑥⑦脇腹。
順番はご自由に！

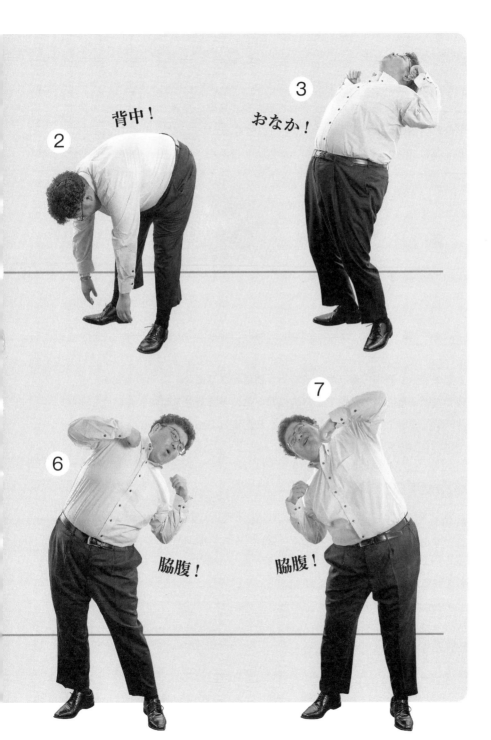

●唇のストレッチ

　体がほぐれて、肺と肺の周りが広がったら、唇のストレッチです。マウスピースを使って唇の状態を確かめます。息を無理に吐かず、マウスピースで高い音から低い音まで、波の線のように極力滑らかに下がってみてください。ちなみに、私の場合は 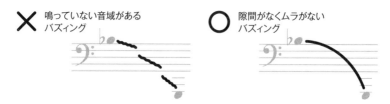 まで下がります。

図6　マウスピースだけでバズィング練習。隙間なくバズィングできれば唇の良い状態

　このとき、途中で音が鳴っていない箇所がありませんか？　隙間ができずにつながるなら良い状態です。鳴らない箇所があるときは念入りにウォームアップしましょう。音域が変わっても音色のムラができないような基礎力をつけることが大切です。

●楽器でウォームアップ

　唇の状態が良くなったら、楽器で演奏してみましょう。息を無理に吐かず、深く吸ってから自然に吐いた息で、B♭管ならチューニングB♭から、C管ならその上のCから、リップ・スラーで下がってみましょう（譜例4）。これもできるだけ滑らかに行ってください。

譜例4　マウスピースを楽器に付けてウォームアップ！　息を深く吸ってから自然に吐く

●基礎練習とウォームアップは違う

「ロングトーン」や「リップ・スラー」は基礎練習の分野です。これらの練習がきちんとできると、ウォームアップに活用できると考えましょう。

基礎練習をしっかりやりたいのであれば、朝のうちに取り組むなど習慣化することをお勧めします。基礎練習で楽器を吹くときに「いつもの自分のフレーズ」をつくっておくと習慣化しやすいです。音型はなんでも大丈夫です。

譜例5 「いつものフレーズ」として吹く基礎練習音型の例。自分のフレーズを決めると習慣化しやすい

ウォームアップが必要な人は「クールダウン」も必要です。たっぷり吹き過ぎたあとなどは、時間をかけてクールダウンしましょう。

オーケストラでは、何十小節も休んでから急に吹く場面もあります。できるだけ出だしからいい音で吹けるような準備を心掛けましょう。無理のない奏法が身に付いていれば、ウォームアップはだんだんいらなくなってきます。

●基礎練習の意味

なぜ基礎練習をするのか考えたことがありますか？ 周りがやってるから？ 先輩に言われたから？

目的を理解しない練習をしても上達することはできません。私の思う基礎練習の目的は、**頭の中の音と楽器の音を一致させる**ことです。音色、発音や音の終わらせ方、音量や音質などすべてにおいて。

そのためには、まず頭の中で理想の音を作り上げる必要があります。次に、声に出して歌としてその音を出し、マウスピース、楽器という順番で、徐々に頭の中から楽器へと近づけましょう。頭で思い描けなければ、声でもマウスピースでも、もちろん楽器でも、理想の音には近づけません。

ロングトーン

　テューバは仕事柄ロングトーンがたくさん必要な楽器です。ロングトーン練習のいいところは、自分の音色を聴きやすいところです。

●ロングトーンに慣れてタンギングを自由に扱おう

　タンギングに頼ると強引に音を出せてしまいますが、タンギングなしでブレずに確実に吹けるようになると、音が良くなります。次の譜例を吹いてみましょう。息を絞り出す必要がある状態の少し手前で音が終わるようにします。その後のブレスは、自然に呼気が入るようにしましょう。

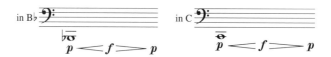

譜例6　ロングトーン練習。付録のデイリートレーニング・シートの「アルペッジョ」にもこの練習がある

　これを良い音で2オクターヴくらい練習します。できる人は音域は上下に広げたほうがいいですが、できるところまで大丈夫です。無駄な力が入ると「ドッペル・トーン（ダブル・バズ）」が生じてしまいますが、これは息のピントが音と合っていないのが原因です。吐き出す息から修正しましょう。

譜例7　ロングトーン練習の音域の目安

　何か問題が生じてきたら、メトロノームを掛けてリズムを付ける練習もしましょう。立ち上がりから8拍延ばす、何秒吹き続けることにする、などの課題を決めて練習するとよいでしょう。

リップ・スラー

　演奏技術を高めるために私がいちばん重要だと思うのは、ずばりリップ・スラーです。リップ・スラーは難しいですが、できるようになると、楽器がとても楽に吹けるようになるので、ぜひマスターしたいところです。

　リップ・スラーをきちんとマスターするには、継続した練習が必須です。毎日楽器を吹ける環境にない人は、せめて口がほぐれる程度でいいので、マウスピースだけでも練習しましょう。

　息は**できるだけ均等なスピードで吹く**のがリップ・スラーの大原則です。滑らかに吹けるように練習していきましょう。音と音の間に雑音が入ってもかまいません。

●リップ・スラーで避けたいこと

　リップ・スラーを吹くときに、次のような吹き方をしてしまっている人をよく見かけます。

◆**意識しないのに、音と音の間で勝手にタンギングしてしまう**
　　タンギングしてしまうのは、とにかくその音に行こうとして、無意識に舌を使ってしまうから。曲の中にスラーのかかった跳躍があって、どうしても必要な場合は使っていいかもしれませんが、できるだけ舌は使わないように気を付けて！

◆**上行音型を息の勢いで無理して吹いてしまう**
　　できるだけ息のスピードを均等にして吹こう

◆**音が変わる瞬間に段差がついてしまう**
　　階段から飛び降りたり飛び上がったりとするのではなく、すべり台のように滑らかに音と音の間を動こう

◆ **顎が上がってしまう**
　　息を止めずに流し続けよう

●うまくリップ・スラーで吹くポイント

次のことをいつも意識して吹きましょう。

ここをCHECK!

- ▶ 息を真っすぐ楽器に入れ続ける（頭の後ろから前へ吐くイメージで）
- ▶ 唇で音を変えようとしない（口の中でピッチを変える感覚で）
- ▶ 息の太さを変えるのは口の中（反復横跳びのようにたくさん跳躍するときは、口を動かすのではなく、できるだけ息の流れで音を変える。最低限の動きで効率良く）
- ▶ ハイトーンは、リコーダーを吹く感覚に近く
- ▶ オクターヴ移動は音色が変わらない感覚でできるように

●リップ・スラーの練習

　はじめは、開放の指使いで吹きやすいところから始めましょう。このとき、メトロノームは使ったほうがよいです。やりにくいときや、上行のときと下行のときでテンポが変わらないように気を付けましょう。力んでいたら、かえって演奏が難しくなります。力まずに唇は柔軟にしておきましょう。

　リップ・スラーの音型にはいろいろあり、組み合わせしだいで練習の幅も広がります。付録のデイリートレーニング・シートにもリップ・スラーの項目を設けてあるので、毎日の練習に使ってください。

譜例8　付録のデイリートレーニング・シート掲載のリップ・スラー

タンギング

●意識しすぎるデメリット

　タンギングのことばかり考えすぎて舌が硬くなり、息が流れなくなってしまっている人を見かけることがあります。タンギングを意識しすぎると、ほかに気が回らなくなり、いろいろうまくいかなくなることも多いので、固執しないようにしましょう。

　タンギングは、**はっきりしゃべるための補助**のようなものです。はっきりしゃべろうとするとき、舌の位置を考えたりしませんよね。発音がうまくいけば、タンギングはそれをベースにしたプラスアルファの飾りのようなもの、と考えてください。

　タンギングは発音の輪郭にヴァリエーションをつけるものであって、くれぐれも主役にならないように注意しましょう。

●息を真っすぐ吐く

　タンギングがうまくいかない人は、息が安定して真っすぐ吐けていないのだと思います。良い練習法としてはダブル・タンギングの練習があります。ドゥグドゥグ（Du Gu Du Gu）……と繰り返してみてください。舌を柔らかくして息を真っすぐ吐かないとうまく続けられません。また、「ドゥ（Du）」の部分と「グ（Gu）」の部分で音色の差が極力ないよう注意してください。

譜例9　ダブル・タンギングの練習。舌を柔らかく、息を真っすぐ。ほかの音でも練習しよう

この発音は、文字のとおりにハッキリというわけではありません。「ダヂヅデド」よりは「ダディドゥデド」と書くと少しイメージが伝わるでしょうか。あくまで「この発音に近い」くらいの、あいまいな感じでかまいません。母音は、低音域になるにつれてしだいにドゴドゴ（Do Go Do Go）に、高音域になるにつれてダガダガ（Da Ga Da Ga）に変わっていきます。 これも、あいまいな発音のままです。

　ダブル・タンギングやトリプル・タンギングは、息が流れているかの確認にも使えます。安定した真っすぐな息で吹いてみましょう。

譜例10　トリプル・タンギングの発音の組み合わせにはいろいろある。「ドゥドゥグ」「ドゥグドゥ」など

●タンギングを使わないこともある

　タンギングで舌を突くと、音楽の流れが損なわれるとして、曲の中でタンギングを使わない人もいます。タンギングを使うのは、出だしの音がきれいに立ち上がるからです。出だしをはっきりさせたくない場面など、使わないほうがよいときには、タンギングを使わなくてもかまいません。

　また、舌を動かしすぎてうまくいかない人も多いようです。そういう人は、舌の奥を奥歯で固定して、舌先でタンギングするようにしてみてください。

●低音域では舌が特に重要

　低音域ほど舌の必要性が出てきますが、音色への影響も大きいことを知っておきましょう。低音の発音が苦手な人は、喉が「ウ」のままになっています。「オ」に近づけましょう。喉をリラックスさせ、しっかりと音を出す準備をしましょう。

レガート、テヌート、スタッカート

●レガート

音を途切れさせたくないとき、次の音へ移るぎりぎりまでみっちり吹きます。音と音を滑らかにつなぐには、息も滑らかにつなげましょう。このとき、タンギングはしません。

譜例11　ホルスト：吹奏楽のための《第1組曲》より〈シャコンヌ〉冒頭

譜例12　ヴォーン＝ウィリアムズ：《テューバ協奏曲》第2楽章冒頭

●テヌート

テヌートは、弾む感じではなく真っすぐに音が延びている感じにします。音が移り変わる瞬間まで、音がみっちり詰まっているのが基本です。いろいろな使われ方をします。

◆音が太くなるテヌート

譜例13　リムスキー＝コルサコフ：《シェエラザード》冒頭。楽譜には記されていないがテヌートで演奏する。Largo e maestoso（ゆったりと威厳をもって）の指示もある

譜例14　シベリウス：交響詩《フィンランディア》

◆音を区切って演奏するテヌート

譜例15　ムソルグスキー（ラヴェル編）：《展覧会の絵》より〈第1プロムナード〉

　ほかにホルストの組曲《惑星》より〈木星〉中間部、ブルックナーの《交響曲第8番》第3楽章練習記号Hの部分、ヴェルディのオペラ《ナブッコ》序曲、エルガーの《威風堂々第1番》などがあります。

◆真っすぐのテヌート

譜例16　ヴェルディ：オペラ《運命の力》序曲

　テヌートでは、出だしから「太さ」がなければいけません。テヌートを舌で出そうとすると、音の中身が押した感じになってふくらんでしまうので、口の中を広く取って演奏しましょう。

●スタッカート

　スーパーボールが弾んでいく感じをイメージしてください。音を「短く切る」、というのがスタッカートではありません。ホールで聴いて、クリアに聴こえれば、それがスタッカートです。

　スタッカートでは、音の出だしを意識しましょう。

譜例17　ホルスト：吹奏楽のための《第2組曲》より〈マーチ〉

●テヌートとスタッカートの境界線

　場面によって求められる表情はさまざまです。短めのテヌートもあれば、長めのスタッカートもあって、テヌートはここまで、スタッカートはここまで、線引きすることは難しいです。

　大事なのは、楽譜に書いてある記号だけ見て「テヌートと書いてあるからこの長さ！」などと条件反射で吹くのではなく、その場にふさわしいのはどんな表情なのかを考え、適切な表現を探ることです。

　そのためにも、ふだんから良い音、いい演奏にたくさん触れて、自分の引き出しをたくさん持っておきましょう。

図7　テヌートとスタッカートの間には、どちらとも言えない領域がある

ヴィブラート

ヴィブラートは、歌いたいときに用いる技法です。とはいえ、金管楽器のコラールでは、あからさまなヴィブラートを使いません。自然ではないヴィブラートなら、かけないほうがマシです。まずは「安定した」ヴィブラートを吹けるようにしましょう。

あなたが聴いた音楽の中で、いいなと思ったヴィブラートをまねしてみましょう。けっして無理やりかけないこと。ヴィブラートについては、弦楽器など金管楽器以外の技法や表現から学べることが多いです。

●ヴィブラートのかけ方

ヴィブラートは喉でかけるやり方もありますが、息が止まるリスクがあるので、顎でかけるワウワウ（WOW WOW）なヴィブラートを私は推奨します。顎を上下して、ヴィブラートをかけてみましょう。

譜例18　ヴィブラートは顎でかける方法、喉でかける方法がある。後者には息の流れが止まるリスクも

ボルドーニ（『テューバのための43のベル・カント練習曲』）などを用いながら、自分でヴィブラートをコントロールできるようにしましょう。

ヴィブラートは、音楽的に演奏しないと格好悪くなります。例えば延ばす音が鳴ってから柔らかくかけるなど、かけ方を研究して適切に用いるとよいでしょう。ヴィブラートは、リップ・スラーが習得できていれば、あまり意識しなくてもかけられると思います。

その他の奏法

テューバには多彩な特殊方法があり、それらを駆使することで音色や表現が豊かになります。ぜひ、新しい奏法に挑戦してみましょう。

●フラッター・タンギング

巻き舌をしながら音を吹く奏法です。音域が上がっても下がってもrrrとできるようにしておきましょう。フラッターは、スラーやリップ・スラーの練習に使うと、息がしっかり流れているかどうかの確認にも使えます。

●シフト

実音の から ペダル・トーンまでの低音域をよりパワフルに吹きたいとき、**シフト**を使います。シフトとは、力強い低音を吹くために、通常のマウスピースの位置からわざとずらした吹き方です。マウスピースをずらす方向により、次の2種類のシフトがあります。

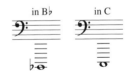

譜例19　ペダル・トーン

> **下唇**：パワフルに吹けますが、上の音域とのつながりが難しいです。
> **上唇**：低音でも息の消費が少なく吹けます。頑張って練習すれば、上の音域とのつながりも可能です。トミー・ジョンソンさんが使っていることから、「TJ（トミー・ジョンソン）シフト」とも呼ばれています。

●スラップ

パーカッションのような「ポン」という音を出す奏法で、息の流れを舌ですばやくブロックして止めることで出せます。ヘリコプターみたいな音とも言えます。オイスタイン・バーズヴィックさんが広めた奏法でもあり、インターネットで検索すれば、彼の演奏動画が見つかるでしょう。

スケール（音階）

すべてのメロディーはスケールからできている、と言えるほどスケールは重要です。スケールをしっかり吹けないのに、メロディーばかり練習しても、上達は望めません。千里の道も一歩から ── 基礎力を着実に身に付けましょう。

●スケール練習のメリット

- ▶ **音程感を意識するようになる**
- ▶ ピッチを狙って吹くことで**音に合った息のピントを合わせやすくなる**
- ▶ 移調して吹くときは、音程感も一緒に移動するので、**ピッチの違和感に気付き、自分の耳で補正**できるようになる
- ▶ 各音を均等に練習するので**音色のムラがなくなってくる**
- ▶ 一つの音を上からも下からも吹くので、**音をコントロールしやすくなる。**
- ▶ **フィンガリングや音域を上下に広げる練習に活用できる**

どうですか？　いいことだらけ！

●スケールの練習方法

テューバは音域の広い楽器なので、幅広い音域でスケールを練習することが大切です。付録のデイリートレーニング・シートにすべての長音階を載せてあります。まずは1オクターヴからはじめて、しだいに2〜3オクターヴと音域を広げましょう。4オクターヴにチャレンジするのもいいですね。

いきなり全調をやる必要はありません。少しずつ吹ける調を増やしましょう。そして、適当に吹くのではなく、音楽的に「歌って」吹けるようにしましょう。また、息の流れを水平方向にイメージし、前に向かって進むようにスケールを吹きましょう。

音域の拡大

よく、低い音の出し方を質問されます。

「喉をリラックスさせて口の中を広めに取り、唇はあまり開き過ぎないように。たくさんブレスして、太い息を楽に吐きましょう」と言うのは簡単ですが、実際はその一つ一つが難しいですよね。

特に「低い音」は、理想の音を求めて地道に毎日吹くことでしか、道は開けません。とにかく根気強く頑張ってください。

逆に「高い音」は、「自分はまだ高音域の音を出せていない」と思いながら、いかに楽に吹けるかを考えて練習するといいでしょう。

まずは、スケールでムラのない音が出るように練習し、毎日1回は、そのときのあなたの「最高音と最低音」を出すようにチャレンジしましょう。

●音域の拡大は低音から

テューバは、高音よりは低音を出すほうが難しいです。ソロでは高音を求められますが、吹奏楽やオーケストラなど、アンサンブルでテューバに求められるのは低音です。ソロに憧れて高音ばかり練習するのではなく、順序としては、まず低音から取り組みましょう。

大切なのは、口の中と唇の「テンション」（張り）です。低音の場合、口を緩め過ぎる人が多いようですが、息が無駄に流れると芯のある音が出ません。低音が出ないのは、唇を緩め過ぎだからです。コントラバスの最低弦のように、ある程度のテンションを保った唇がよいのです。必要なテンションの感覚をつかめるようにしましょう。

また、低音域に下がれば下がるほど、**太い音のイメージ**で吹きましょう。下に行くほどやせるのはダメです。喉は広くします。

マウスピースを使った練習で、低音の ♪ （C管の ♪ ）がちゃんと吹けるかどうかは、一つの目安となります。

●口の形

高音域ではブルーベリー、中音域がぶどう、低音域はオレンジが口の中に入っているようなイメージが、それぞれの音域に適した口の形だと言われています。また、低音域を出すときは、あつあつの「おでん」や「たこ焼き」をほおばったときの「ほっほっ」とした口のように、中を広く保ちます。

●最低限必要な音域

テューバでは、譜例20の音域が吹ければ、そこまで困ることはありません。ただ、それより高い音域まで演奏できるようになっていれば、を吹くのが楽になります。スケールなどで音域を広げる練習をしましょう。

譜例20 この音域が吹ければあまり困らない

●4オクターヴのスケールにチャレンジ

p.54の「スケール（音階）」でも触れましたが、音域が広がってきたら、4オクターヴのスケールにチャレンジしてみるのもよいでしょう。

譜例21 4オクターヴのスケール。ムラのない均一な音質や、音程感などを保ったまま吹けるかな？

ダイナミクスの拡大

ダイナミクス（音量や強さの差）の拡大は、音楽表現の幅を広げるのに有効です。f と p の差がないと、変化に乏しく面白みがありません。オーケストラでの金管楽器は、f 担当でもある一方で、p でのきれいなコラールという聴かせどころもあります。ダイナミクスの幅は広いほどよいです。

● f、ff の吹き方

音量を上げるには、①息を増やし、②アンブシュアの支えをしっかり保ち、③唇が息の量で持っていかれないように、しっかり歯につけて支えましょう。

f で吹いたときに音が汚いのはダメだと思い込んでいませんか？　金管楽器では、f で吹いて**音が割れてもいい**のです。

ベルの大きな楽器では、音量を上げようと無理に息を押し出しても音は大きくならず、かえって息の効率が悪くなるケースがあります。良い息の効率のまま、音量を上げていくようにしましょう。息の効率が悪いまま ff の練習ばかりすると、良くない癖が付いて逆効果です。

●ダイナミクスを広げる練習方法

ff の場合、いきなり ff を吹こうと思わず、良い息で楽に吹けるようにしてから、音量を上げていきます。

また逆に、pp の場合にも、いきなり pp を吹こうとせず、良い息で楽に吹けるようにしてから、音量を落としていきます。

どちらも、まずは**良い息で楽に吹ける状態からはじめる**のがポイントです。良い状態を保ったまま、音量を上げたり、落としたりしていきましょう。

譜例22のような、音量変化の激しいパターンも練習には効果的です。

譜例22　ダイナミクスを広げる練習法

ピッチの合わせ方

●聴いて合わせる

　ひとくちに「ピッチを合わせる」と言っても、チューナーのメーターを見て合わせる方法と、実際に鳴っている音を聴いて合わせる方法は、似て非なるものです。チューナーとにらめっこばかりせず、できるだけ出ている音を聴いて、それに合わせる癖をつけましょう。

　もちろん、まず自分でピッチをイメージして出し、鳴った音を確認する程度にチューナーを使うのはかまいませんが、決してチューナーに頼りきりにならないように注意しましょう。

　楽器の温度でもピッチは変化します。冷えるとピッチが下がり、温まっていると上がります。楽器の温度は、周りの気温や冷暖房、舞台の照明などの影響でも上下するので、演奏中にもピッチは変わります。チューナーを見てからでなく、耳で即座に反応できるようにトレーニングすることは大切です。

　また、ピッチを合わせるときは、単音で合わせるのでなく、スケールやハーモニーの中で合わせる癖を付けましょう。たとえば別の楽器で 𝄢 を鳴らしながら自分は 𝄢 や 𝄢 を重ねるなど、常にハーモニーの中で音を捉える練習をしましょう。

●ピッチのコントロール

　ピッチの調整方法にはいくつかあります。

◆口の中の広さによる調整

　口の中を広くすればピッチは下がり、狭くすれば上がります。同じ指使いでも、口の中の広さを調整することで、半音下を出すことが可能です。よく耳を澄ませてコントロールしましょう。

◆マウスピースのバズィングによる調整

　マウスピースのバズィングの音を変えるだけでも、ピッチは調整できます。

◆抜き差し管による調整

　ピストンやロータリーのヴァルヴを押しただけで、どの音も正確なピッチを出せる楽器は本当に少ないです。テューバでは、抜き差し管を抜いたり差したりしてピッチを調節します。できるだけ、すべての音がバランスよく、だいたい合っているところを探してみましょう。楽器によっては管をかなり抜いたり、全部入れたりすることもあります。自分が心地よく吹けたときに、管がどの位置にきているかを覚えましょう。温度によってピッチが変わるのも悩ましいところです。

①チューニング・スライド（主管抜き差し管）で調整

　抜き差し管は、極端に抜きすぎると楽器のバランスが悪くなります。目安として2〜3cm抜く程度に収められるとよいでしょう。

②第2抜き差し管で調整

　第2抜き差し管の倍音を吹いてピッチをチェックします。続いて第1抜き差し管、第3抜き差し管、第4抜き差し管の順にチェックします。第4抜き差し管は、どのメーカーでも少し抜くと音程が安定します。

写真21　チューニング・スライドは2〜3cm抜く程度に収めよう

呼吸と演奏

演奏がうまくいかない要因の多くに「呼吸」が関わっています。例えば「高い音をうまく当てたい！」と思うと、体が硬直してしまい、自然な息が流れません。その結果、うまく音が当てられなくなります。

●自然に呼吸する

常に自然に呼吸することを心掛けましょう。**吸うときは上半身を膨らますイメージで。吐くときは膨らんだ風船からゆっくり空気が出ていくイメージ**で吹きます（図8）。

勝手に出ていく息を利用して吹くのと、無理やり息を押し出して吹くのとでは、音色の柔らかさに雲泥の差が生じます。

図8　上半身を膨らますイメージで息を吸おう

マーチでも呼吸を考えながら演奏すると、より音楽的になります。特にソロでは、ブレスの場所を踏まえたテンポのつくり方をしましょう。

音域によってもブレスは変わります。**高音域でのブレス**では、首に力が入ってブレーキをかけてしまいがち。自然な呼吸のまま演奏しましょう。**低音域でのブレス**は、たっぷり息を送ることが大切です。いいテンションの口ができていて、芯のある息を送れるようにしましょう。p のときも同様です。

●吸うとき

音楽の状況によって、大きいブレス（やや時間をかけて大きく吸うブレス）と小さいブレス（一瞬で吸うブレス）を使い分けます。この2種類の使い分けができれば、肺活量が少なくてもテューバを演奏できます。

◆大きいブレス

譜例 23　ホルスト：組曲《惑星》より〈木星〉中間部。

◆小さいブレス

譜例 24　ホルスト：組曲《惑星》より〈木星〉冒頭部分

マーチなどでは、**タイミングが遅くならないブレス**をマスターする必要があります。ふつうのブレスではタイミングが遅れる場合、ほんの一瞬で「スプーン」一杯分くらいの息をサッと吸ってみてください。これができれば遅れずに吹けます。できない場合は、うまく息が吐けていない可能性があります。

●フレーズを考える

フレーズの切れ目を考えて吸うようにしましょう。スラーや休符、リズムやハーモニーの変わり目などのフレーズの切れ目がきたら、まだ息があっても吸います。実際の曲を演奏するときは、まず楽譜を見て、それから実際楽器を吹いてみてフレージングを確認しましょう。

●吸う前にテンポをゆるめる

音楽はずっと同じテンポに保つと、面白くありません。テンポを速めた分、最後にすっと緩めると、音楽の流れがまとまります。ブレスの前は（前のフレーズの最後ですから）すっと緩めて呼吸すると、音楽の流れがそこで自然に収まります。インテンポで無理に吸う必要はまったくないのです。

教則本

　教則本（エチュード）は、それぞれテーマをもって作られています。それぞれに特色があり、最初から難しい課題ばかり出てくるわけではないので、自分に合ったものを探せます。自分に合う教則本の全体を見ながら、タンギングを意識している課題、リズムを難しくしている課題、など各課題の狙いを意識して取り組みましょう。一つ一つクリアしていけば、いつの間にかいろいろな曲に対応できるようになりますよ！　ピアノ伴奏なしで成立するように書かれているものが多いので、一人でも練習できます。

●代表的な教則本

◆**アーバン（1、2巻）**：金管楽器の聖書。テューバ用は印刷ミスが多いので、トランペット版をそのまま in C か in B♭ で読んで使ってください。

◆**アンブシュア・ビルダー**：学生の頃毎日やっていました。楽しい。吹けると面白い。アーバンと違い 🎼 や 🎼 など、低音域が出てくるのがよく、だんだん高度になっていきます。リップ・スラーがほとんど。

◆**ボルドーニ**：歌心がつきます。フレーズが長いのでブレスを多くとるようにしましょう。また、絞り出した音にならないように。スラーの練習になります。音楽大学受験の課題曲では定番。

◆**グリゴリエフ**：いろいろな音楽のスタイルが入っています。アタックの付け方の勉強になり、音域も広過ぎないです。

◆**ブラゼビッチ**：グリゴリエフ同様のスタイルで、調号が徐々に増えていき、全調練習できます。

◆**コプラッシュ**：テクニカルな部分があります。声に出して歌いながらやるとよいエチュード。音楽大学受験の課題曲では定番。

◆**シネデコー**：テューバのための低音練習曲集。その名のとおり、低音に特化した練習曲集

1日10分のデイリートレーニング

　付録のデイリートレーニング・シートは、私のふだんの練習メニューをまとめたものです。加線がたくさんのところもありますが、楽譜を読む練習です。書き換えずにがんばりましょう！

　すべての基礎練習に言えることですが、良い音をイメージして吹くことが大切です。最初に自分の中の良い音をイメージするように！　毎日イメージが磨かれて、だんだん自分の音が良い音のイメージに近づいていきます。

●長音階

　全部やれなくてもいいので、今日はこれとこれというように、かいつまんでやってほしいです。高いほうが難しかったら1オクターヴでも。やり続ければ少しずつ音域も広がります。余裕があれば短音階も練習しましょう。

●カデンツ

　スラーだけでなくいろいろなアーティキュレーションで。途中で変えてもいいですよ。いい音をイメージして、フレーズ感をもってやりましょう。

●アルペッジョ

　最初の音符は、息だけで始められるように。良い音をイメージしてから吹きはじめましょう。アーティキュレーションの組み合わせを工夫してください。

●リップ・スラー

　テンポは自由に始めてかまいませんが、途中で変わらないようにしましょう。スラーが難しければ、工夫してアーティキュレーションを付けてみてもかまいません。同じ音型で最初の音を変えても大丈夫です。

　チャレンジ・メニューもやってみましょう。練習あるのみ！

息、テクニック

●息は前に向かって吹く

　楽譜が左から右に進むのと同じように、息も止まらずに前に進み続けます。息を吐くときは、前方に向かって真っすぐ吐きましょう。そして、息は停滞しないことが大事です。どんどん流し続けること。リップ・スラーもタンギングも、息が流れることで成り立っているので、無理せずできるように練習しましょう。息がなくなったら、吸えばいい。次々と息を送り込もう！

　うまく演奏できないことがあったら、原因の多くは息にあるはず。息が問題解決の糸口になります。息の吐き方といっても、大事なのは息の量ではなく、息のピントと、力みです。音のイメージがあって、ピントの合った息が出せて、力んでいなければ、もう演奏できているはずです。もしもできてないときは、どれかのステップがうまくいっていません。

●テクニックはエチュードで身に付ける

　演奏に必要なテクニックは、エチュードをやることで会得できるようになります。自分の課題に特化した練習をしましょう。そのためには、自分が苦手なことをちゃんと把握しておくこと。そして、何かのテクニックが必要だと感じたら、その項目を重点的にトレーニングすることが、上達への近道です。

●なぜリップ・スラーが必要か？

　実際の曲ではそれほど要求されないリップ・スラーが、なぜ大事なのか？それは、リップ・スラー練習を通じてムラのない音や、効率の良い音が手に入るからです。

　テクニックとは、必要かどうかを単独で考えられるものではありません。でも、身に付けておくことで、知らず知らずのうちに役立っていることも少なくありません。

独奏楽器としてのテューバ

●テューバの音域

　テューバの音域（p.56参照）は、ホルンに近く、金管楽器の中でもっとも広い音域をもっています。テューバの高音についてはあまり知られていませんが、ダブル・ハイB♭も出せます。ユーフォニアムと同じ音域を吹いていても、よりインパクトがあり、体に響く音が出せます。

　テューバの音は直線的に進むだけでなく、包み込むような、豊かな音を出せます。ホール中をテューバの響きでいっぱいにもできます。

●テューバの特長

　テューバは新しい楽器なので、楽器としての自由度と秘めた表現力では、ほかの楽器と比べて群を抜いています。ほかの楽器の人が思っている以上に広い音域と表現力をもち、素早い動きもできるので驚かれます。「テューバとはこういう楽器なんだ」という固定した定義のようなものがまだなく、たくさんの可能性を秘めています。

　モーツァルトやベートーヴェンの時代にはテューバはまだ存在しておらず、テューバのための曲は書かれませんでしたが、これらの時代の、ほかの楽器のための作品をテューバで演奏することで、オリジナルの味にテューバの良さを混ぜることができます。ほかの金管楽器では演奏できないような音域や奏法を求めている楽譜もあります。私もまだまだ楽器の可能性を模索中です！

●テューバのソロ

　ソロのための作品は、一人で吹き続けなければなりません。オーケストラや吹奏楽の曲と異なり、音符の動きが多く、高音域も求められるため、E♭管やF管で吹く機会が多くなります。

　ソロは、自由に吹けることが何よりの魅力です。歌うように吹かないと感

情を乗せられませんが、テューバはふだん歌うことに慣れていません。しかし、よく考えてみれば、ソロでも伴奏でも、音楽を奏でていることに変わりはなく、「何を表現したいのか」は常にあるもの。ソロではそれが顕著なだけです。

ソロでは「意思のある音」を出さなければ音楽表現になりません。楽譜に何らかの指示があってもなくても、その音符の意味を深く考えて表現します。例えば、同じ高さの音が楽譜に二つ並んでいたとすると、この二つを同じ音量で吹くことはまずありません。その音楽の中でどちらを少し大きくするのか、小さくするのか、よく考えてから表現します。

●テューバ界のスターを知ろう!

私は、次のようなソリストの実演と録音に影響を受けました。できれば、彼らがソロを吹いている演奏やCDを聴いて、あなたもテューバの可能性や魅力に気付いてください!

◆**ロジャー・ボボ**:私にとっての最初のアイドルです。ロスアンジェルス・フィルハーモニック時代の演奏もすごいですが、引退した後ソリストとして「Bobissimo!」、「Tuba Libera」など数多くソロのCDをリリース。世界中のテューバ奏者に多くの影響を与えた奏者です。

◆**サム・ピラフィアン**:長年エンパイア・ブラスで活動し、現在はボストン・ブラスのメンバー。「Travelin' Light」はディキシーからのJazzの歴史も含まれるCDで、テューバ・ジャズの先駆者。エンパイア・ブラスのCDはどれもオススメです。

◆**ジーン・ポコーニー**:シカゴ交響楽団首席奏者。「Tuba Tracks」、「Big Boy」ではC管のソロも聴けます。オーケストラ・スタディのCDもあります。

◆**セルジオ・カロリーノ**:ポルトガルのポルト・カサ・ダ・ムジカ交響楽団首席テューバ奏者。ソロCDも何枚もリリースしていて、ほかの楽器とのコラボレーションも多数。ジャンルを超えて活動。「still or alive」はライヴ録音も含むアルバムで、テューバの可能性と進化を追求しているCDです。

アンサンブルの喜び

　一人ではできないことの一つが、「音楽の会話」。それができるのが、アンサンブル。こちらが話しかけたことに返事をもらえたら面白いでしょう？
　アンサンブルでは自分の考えと相手の考えを「ミックス」することができます。そしてアンサンブルの最大のメリットは、自分勝手に吹くのではなく、ほかの楽器（パート）のことを考えて吹くようになることです。

●アンサンブルにおけるテューバ

　アンサンブルにおけるテューバの役割は、「アンテナを張る」ことです。テンポをつくったり、低音楽器としてピッチの基準になったり、ハーモニーの根音を受け持ったりします。また、メロディーのピッチが高すぎるときには、それに合わせてテューバも高めに演奏して合わせてあげることもあります。

◆デュオの場合

　デュオは二人だけの対話なので、簡単に取り組めます。人数が増えるとある意味でごまかしが効きますが、テューバ2本では、二人が合っているかどうかがはっきり出ます。合っていないときは、お互いが原因です。デュオでは二人がそれぞれ交互にメロディーに回ったり、伴奏に回ったりもできます。
　デュオでは、1度と5度、1度と3度、オクターヴで合わせる練習をすると、お互いの音程感が養われます。五線より下の、加線が出てくる音域は、一人で吹くとピッチが捉えづらいので、オクターヴ上をもう一人に重ねてもらって、低音の音程をチェックするとよいかもしれません。

◆トリオ、クヮルテットの場合

　3人になると、もう少し複雑です。3人なら3和音が吹けるし、メロディーと前打ち、後打ちのリズムを組み合わせることもできます。ネリベルの《ルー

ダス》という、有名なテューバ・トリオの曲もあります。

トリオではデュオよりできることが広がります。3人いれば、二人が吹いているのをもう一人が聴いてアドヴァイスすることもできます。

また、ユーフォニアム二人とテューバ二人によるユーフォ・テューバ・クヮルテット（バリ・チューと呼ばれることも多い。元はバリトンとテューバでやることが多かったが現在はユーフォニアム）もあります。

◆クインテット以上

トリオやクヮルテットは、メンバー同士の調整や役割分担がかえって複雑かもしれませんが、金管5重奏のようなクインテットになると、テューバには「低音＋リズム」という明確な役割が与えられます。メロディー楽器が動きやすいように、テンポをつくってあげましょう。

オクテット（8重奏）以上になると、人数が増える分、お互いに合わせにくくなるので、テューバの働きが大切です。

アンサンブルでは、基本的にテューバは一人です。ほかのパートがさまざまな動きをする中で、テューバは今どうすべきか、よく考えて楽しく吹きましょう。

譜例25　リンジー：〈郷愁〉。アーバン金管教本の最後に掲載されているデュオのための編曲

合奏におけるテューバ

●テューバの役割

合奏では、テューバはどんなことを求められて、どんなことに気を付ければよいのでしょう？　整理しておきましょう。

> ▶**前打ち**：合奏における前打ちは、遅れて聞こえることが多いです。かといって早過ぎてもいけないので、心地よいタイミングを探しましょう。発音もとても大事です。いい発音で吹けていれば遅れにくくなります。
> ▶**低音**：低音域でテューバが良い音で鳴って支えられると、中高音域を受け持つパートが合わせやすいのは、どの編成でも共通です。音域の上と下がしっかり決まれば、バンドの音が格好よくなります。内声が整えば、なおよし！
> ▶**リズム**：リズムを刻むときは、意識してクリアに演奏します。テューバのリズムがぼやけていると、他のパートが頼りにできません。

●吹奏楽での役割

まず大事なのは、「テューバ同士が合うこと」です。その中でテンポをつくるようにしましょう。

次にスコアを見て、同じ音を出す楽器や同じ音型を受け持つ楽器を意識しましょう。必要に応じてお互いに頼り合い、助け合えるのが吹奏楽の良さです。仲間のいる楽しさや仲間とつくる楽しさを体験しましょう。

吹奏楽では、コントラバスの役割をテューバが受け持つことが多くなります。だから**「休み」**がなく、オーケストラよりも忙しくなります。

●オーケストラでの役割

テューバは自分の吹きたいように吹ける自由さもありますが、その分、責任も重いです。どんな指揮者と共演するにしても、まずはコンサートマスター

を見て、オーケストラ全体とまとまりをもって演奏するのが基本です。

　オーケストラでは、テューバは「**延ばし**」と「**休み**」が多くなる傾向があります。何十小節も休んだ後に吹く難しさと、吹奏楽より広い音域が求められるところに特徴があります。

●コントラバスとテューバの関係

　同じ低音楽器でも、コントラバスとテューバでは発音に違いがあります。管楽器と弦楽器で音色は違うし、演奏中の見た目も全然違います。当たり前？いえ、コントラバスは頑張って弾いている様子が聴き手からよく見えますが、テューバはどんなに頑張って吹いても、聴き手からほとんど顔が見えません。そこが大きな違い！

　吹奏楽とオーケストラとでは、コントラバスの人数が違います。オーケストラでは、テューバは何人もいるコントラバスの低音に「混ざる」「乗る」感覚で吹けますが、吹奏楽では、テューバのほうが低音の中心となる意識が必要です。ほかの低音楽器と「かたまり」になって吹くために、分奏するなどして練習しましょう。

●オーケストラ・スタディのすすめ

　音大生時代、私はトロンボーンの先輩といわゆる「オケスタ」を吹いて遊んでいました。オーケストラ・スタディとは、オーケストラの曲のなかから、各楽器の聴かせどころや、高度なテクニックが求められる箇所が取り出されている曲集のことです。オーケストラ・プレイヤーを目指す人には必須の課題と言えるでしょう。

　先輩とはこの曲のこの和音を吹いてみようなどと、いろいろな曲を演奏してたくさん遊びました。テューバはトロンボーンやほかの楽器と息の使い方が異なり、息が遅くなりやすく、音の出だしも鈍くなりがちです。トロンボーン・セクションと「オケスタ」をやっておくと、感覚的に慣れることができてとてもよいですよ。

アンサンブルにおける音程

●ピッチは状況に合わせる

　テューバのピッチは状況に応じて合わせなくてはいけません。トランペットが高音域を吹いていて、ピッチがぶら下がってきているようなら、テューバも合わせて下げなくてはいけません。逆に、テューバが、低音としてピッチの基準を最初につくることもあります。

　夏は演奏空間の温度が上昇し、ピッチも上がりやすくなります。自分の楽器は、室温が高いときはどのくらいピッチが上がるのか、低いときはどのくらい下がるのか、把握しておきましょう。

　猛烈に暑い中で、テューバだけ常に442Hzをキープすればよいわけではありません。全体の音程が上がっている中では、テューバがそれを食い止めるつもりで、全体のピッチに合わせながらも、低めを狙っていきます。

　テューバ同士でピッチがしっかり合っていると、ほかの楽器の目安になりやすいですが、テューバの中で楽器がしっかり鳴る人と鳴らない人がいると、低音に芯がなくなって、合わせる基準が分からなくなってしまいます。まずはパートが一つの塊になれるようにしましょう。

●ピッチ合わせを最優先にしない

　ピッチを無理やり調整しようとすると、響きがピッチの合いにくいものになってしまいます。リラックスして良い音がしていれば、音は混ざりやすくなります。ふだんから正しい音程感で、良い音で吹く意識をもちましょう。

　それぞれの楽器の「良い音」を合わせれば、音色の差は出にくいものです。音色まで含めた意思疎通を行いましょう。ただし、全員で音色をそろえる必要はありません。それぞれの楽器に響かせる力があれば、合奏で音色は混ざります。

スコアを見る

　指揮者でなくても、スコアは必ず見るようにしましょう。スコアを見るとわかることがたくさんあります。

　スコアを見ることに慣れていない人は、メロディーを探すことから始めてみませんか。マーチのスコアはメロディーを探しやすいので、入門にちょうどよいです。試しにほかのパートを吹いてみるのもいいでしょう。

●ほかのパートの動きが分かる

　スコアでは、自分以外のパートがどういうリズムで動くのかがわかります。例えば、テューバが延ばしている箇所で、テンポが変動して今どこなのか分かりづらいときなど、ほかのパートがどう動いているかが分かれば安心です（次ページ譜例26）。

　聴いただけでは分かりづらい曲でも、スコアを見れば仕組みがわかります。ほかの楽器と合わせづらいリズムなども、心構えをして演奏に臨めますし、ほかのパートとの強弱（音量）関係も一目瞭然です（p.75譜例27）。メロディーと同じ強弱記号が書いてあったら、伴奏は必然的に書いてある強弱よりも弱く演奏しなければなりません。作曲家の「クセ」のようなものをスコアから見つけるのも、音楽の楽しみの一つです。

●和音が分かる

　吹いている和音のピッチがよく分からなくなったときは、スコアを見てほかの楽器の音を調べましょう。和音の中身が分かれば、自分の中に「基準」をつくることができるので、より適したピッチで演奏できます。

　和音でなくても、例えば自分と同じ音を吹いているパートが分かれば、だいぶ基準を決めやすくなりますね。

譜例26　チャイコフスキー:《交響曲第5番》第2楽章。弦楽器と木管楽器が徐々に上行しているところに、拍のウラを上から下りてくる金管楽器。テンポがだんだん遅くなるなかで、テューバはトロンボーン3とコントラバスと一緒に、いちばん最後に拍のウラで入らなくてはいけない。2本の旋律が交差するだけのことだが、アンテナを敏感にしてアンサンブルに臨む必要のある箇所

●パート譜の間違いをチェックする

　パート譜にもときどき間違いがあります。スコアをチェックしてミスを防ぎましょう。例えば、音符が2小節抜け落ちていたり、休む小節の数が間違っていたり。ミュートを付ける指示の後、外せという指示が落ちていたりしま

す。ほかの楽器と見比べるとテューバだけ8分音符一つだけ欠けて書いてあるなんてこともあります。そんなとき、テューバやほかの楽器のパート譜を見ても、何も解決しません。間違いなのか狙いなのか分からないことはたくさん出てきます。

　疑問に思ったら、すぐにスコアを見ましょう。パート譜にテューバのことならなんでも書いてあるわけではありません。プロの現場でもスコアは必携で、必ず確認したいことが出てきたら見ています。

譜例27　シベリウス：《交響曲第2番》第4楽章。2分の3拍子で、テューバは4分音符が主なリズム。トロンボーンが8分音符のリズムを刻んで、弦楽器の旋律が2分音符なので、パート譜だけ見て聴いていると、自分の音価がわからなくなる箇所。トロンボーンは *mf* で3本。弦楽器の旋律は大人数の *f* 。*mf* のテューバとユニゾンのコントラバスには、*mf* と *sf* が書いてある。こうした状況を総合的に考えて、テューバは書いてある *mf* よりは大きく吹いて音量のバランスをとる

自分を伸ばす

●自分のやりたいことを探す

　自分でやりたい音楽の方向性を見つけ出すことが上達への近道です。アンサンブルが好きなのか、吹奏楽が好きなのか、ソロをやりたいのか。どんな演奏スタイルが合っているのか。いろいろなプレイヤーのCDもたくさん研究して、自分のスタイル、自分のやりたいことを探しましょう。

　未知の可能性をまだたくさん秘めているテューバだから、「自分がこれから誰もやっていないことをやり始めるかもしれない」という想像力をもってください。やりたいことが見つかったら、後は突き詰めていくだけです。

●良い影響を受けよう

　ほかの楽器の演奏者と一緒に過ごし、ときには憧れるような存在と同じ空気を近くで吸っていると、いい影響を受けやすくなります。いいなと思ったことは、どんどん影響を受けていきましょう。そのうえで、あの人がこう演奏したから、自分の演奏はコレだ、というところまで考えが及ぶようになると、音楽をやる楽しさが深まります。そこまでいけるとよいですね。

　そうやって、人の影響を受け続けていた結果、気が付けば、自分が誰かに影響を与える側になっているかもしれません。そうなると、音楽のことをまた別の視点からも考えられるようになるのではないでしょうか

●ガッツがあれば伸びる！

　多くの学生のレッスンをしますが、音楽をやりたいという意志やガッツがある人は、上手下手にかかわらず、レッスンしていても面白くなります。本当に音楽がやりたいと思うなら、積極的に音楽のことを突き詰めていってください。たとえ少しの時間しかないときでも、音楽だけに集中できる環境に自分をもっていけるようにしましょう。

練習の組み立て方

●練習より遊びが大事!?

　正直に申しあげましょう。私は練習しないほうです。正確に言えば、練習よりも、遊びで吹く時間のほうが長いのです！

　自分のいた高校では、学校の中にバスケットゴールや卓球台など遊び道具がありましたが、音楽大学にはそういうものが一切なく、必然的にテューバが遊び道具になり、楽器を持っている時間も長くなりました。

　吹きたいときに吹くのが大事です。私は、吹きたくないときは吹かなくていいと思っています。

●短い練習時間しか取れないとき

私は、こんな練習をしています。
- ▶次の演奏会の譜面を見る
- ▶楽譜を最後のほうから見ていく
- ▶指定どおりのテンポで練習し、ゆっくりでも練習する
- ▶難しいポイントだけ集中して見る
- ▶時間がないときは、無理に全体をさらおうとしないのが得策。今日はこの4小節をバッチリ練習する、などと決めてから練習する
- ▶電車の移動中に楽譜を見ながら指の練習

　短い練習時間のときは、楽器を置いて楽譜と向き合う時間をつくりましょう。

●長い練習時間が取れるとき

　唇への負担が大きいテューバでは、30分の練習でも長いと思います。だから、もし1時間も吹いたら、必ず休憩しましょう。それも15分程度は休むこと。くれぐれも忘れないように！

●合奏と個人練習の関係

　理想的には、合奏よりも個人練習を多めにするのがいいと思います。合奏は、メンバー全員にとって楽しいわけではなく、人によっては苦痛を感じる場合もあるでしょう。

　個人練習がしっかりしていれば短時間の合奏でもきちんと合うし、自分がしっかり演奏できていない状態で合奏に臨むことは、ほかの人にとって迷惑です。そう考えると、個人練習をしっかりしたほうが効率がいいですよね。人それぞれペースが違うのですから、自分のペースで練習しましょう。

●個人練習でやること

- ▶**基礎練習**：きちんとした基礎ができていれば、基礎練習の割合は少なくてもかまいませんが、できていなければ基礎練習の割合を多めにします。私の場合、プロになってからは学生時代より基礎練習は少ないです。
- ▶**リップ・スラー**：ゲーム感覚でクリアするまで取り組みます。クリアできない場合、難易度を下げる、小分けにするなど工夫しましょう。いきなりハードルを高くせずに、できる課題から少しずつクリアしましょう。
- ▶**人の演奏を聴く**：人の演奏をたくさん聴くと、自分でいろいろな判断ができるようになります。人の演奏を聴くのも練習のうち！

　練習は、タイヤを回すようなものです。良い回転をつくれば、勢いがついて自転車にも乗れるようになります。雪だるまのように、転がることでどんどん新しい雪が加わって、膨らんでいくことも少なくありません。

●練習の終わりには

　唇に過度の負担が生じない程度で練習を終わらせましょう。ウォームアップが長くかかる人はクールダウンも長めにします。クールダウンには、上から下に降りてくる音型がよいでしょう。

　もしそれでも唇のダメージがなくならない場合は、冷やすか、はちみつなどを塗りましょう。

楽器のメンテナンス

数年に一度は楽器をメンテナンスに出しましょう。楽器のストレスをチェックしてもらい、全体のバランスやロータリー、ピストンを調整し、ハンダをチェックしてもらうことで、響きが正常な状態を保てます。

●ふだんの手入れ

◆スワブを通す

1日の終わりには楽器にスワブを通しましょう。スワブを通して管の中の汚れを取り除きます。主管を抜いてスワブを1～2回通すと、良い状態を保てます（写真22）。

中高生は、まず自分の楽器を洗って、きれいな状態にしてからです。さもないと緑色のヘドロが出てきますよ！

◆オイル、グリスを差す

必要に応じて、自分の好みのオイルを差します。グリスも同じです。ロータリー・オイルは、ロータリーの動きが悪いときにときどき差す程度、2～3日に1回で十分です（次ページ写真23）。ピストン・オイルも同様です。

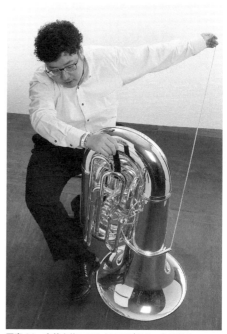

写真22　主管を抜いてからスワブを1～2回通す

◆楽器を拭く

1日の終わりに水拭きをすると、楽器をきれいに保てます。楽器の外側と、ベルの内側の見えている部分だけ、固く絞った自動車洗浄用のクロスなど

写真23　ロータリー・オイルを差すときは、キャップを外して1〜2滴

で拭きます。ラッカー仕様の楽器も水拭きで十分。アルコールを使うと油汚れがごっそり取れます。

楽器についた水滴も跡が残らないようにしっかり拭き取りましょう。

◆楽器を洗う

管を全部洗うのは半年に1回程度。楽器本体を洗うときは、風呂場で中性洗剤を使って、シャワーを掛けます。……と書きましたが、洗っているときに事故にでもなったら大変です。専門のリペアマンに頼みましょう。

●各パーツの手入れ

◆抜き差し管

抜き差し管には、オイルやグリスを差さないほうが音が良い場合があります。主管など、いつも使うところ以外にはオイルやグリスを差し過ぎないようにしましょう。楽器は本来、つなぎ目がないほうがよいのですが、現実的にそれが難しいからパーツに分かれているのです。各パーツがしっかり連結しているのは悪いことではないので、抜かなくてはいけないときに備えて、グリスを差しておきます。

◆ピストン

ピストンは、隙間にごみがたまりやすいです。スワブを通せばだいぶ取り除けますが、残されたごみはしだいに固まります。数か月に1回は洗うといいでしょう。全部の管を洗うのは、半年に1回で十分です。

◆ロータリー

　ロータリーは、コルクやゴムクッションの減り具合によって自然と押し過ぎている場合があります。裏ぶたを開けて刻印を見て、ずれていないかチェックしたほうがよいでしょう。ずれているとハーフ・ヴァルヴと同じ状態になっています。ガチャガチャと音がするようなら、つなぎ目部分にグリスを差しましょう。

　構えたときにロータリーの上側の抜き差し管を抜いて、管の中からも直接オイルを差します。ピストンよりもロータリーのほうが手入れは楽です。

◆マウスピース

　マウスピース・ブラシを使って管内のゴミをこまめに取り除きましょう。ハンマーでマウスピースを叩くと響きが変わるという俗説がありますが、私は確認していません。皆さんも確認しないほうがいいでしょう。

●その他の注意点

◆事故を防ぐ

　テューバを「寝かす」のはいいけれど、「倒す」のはNGです。倒れてしまった場合、見た目には問題がなくても、響きがダメになります。

　金属は、衝撃が加わると分子のバランスが崩れストレスがかかります。吹かないときは、必ず椅子や壁などにたてかけるようにしましょう。倒れにくくなりますし、椅子や壁などのそばにあることで、周りの人にも気付いてもらいやすくなります。

◆ベルの中にモノを入れない

　ベルに入れたクロスが楽器の中に奥深く入り込んで、そのまま放置されている場合があるようです。楽器がメンテナンスから戻ってきたときに、「クロスがありました」とメッセージが添えられていたことも……。

　コンサートの演出で、ベルから何かを出すこともあるけれど、出し忘れに気を付けましょう！　CDなどを入れる人もいますが、楽器に傷が付きやすいものは入れないように！　金属類などもってのほかです。

●プロによるリペア

　リペアに出すときは、全体をバランスよく見てもらいましょう。それができる人は限られるので、できるだけいいリペアマンを探しましょう。

　地元にいい楽器店やリペアショップがない場合、宅配便などでメンテナンスを請け負ってくれるお店もありますから、調べてみましょう。

　次のような状態のときは、専門のリペアに出しましょう。

- ▶ロータリー・ヴァルヴのコルクがすり減って、ハーフ・ヴァルヴと同じ状態になっている
- ▶ピストン・ヴァルヴのフェルトが減って、ハーフ・ヴァルヴと同じ状態になっている
- ▶ヴァルヴを押しても上がらない
- ▶白いヴァルヴ・ガイドが削れてピストンがくるくる回って、軽く押しているのと同じ状態になっている

●管の入れ替え

　抜き差し管を抜いて違う順番で入れ直すと、楽器の吹奏感と響きが変ります。ただし、もともとの管の順番がわからなくならないように注意。メーカーによっては管に数字が打ってありますが、ルールはありません。自分で印をつけておけば、順番を入れ替えたあとでも戻しやすいのでおすすめです。

　これができるのは楽器によります。長さも太さも同じ場合のみ有効ですが、結果が良い響きだったら、それを受け入れましょう。

●楽器の寿命

　吹いている時間や期間にもよりますが、たいていの楽器は20年もたてば疲労してきます。しかし、定期的にしっかりメンテナンスすれば、長持ちさせながら使い続けることができます。

楽器を習う、楽器を教える

●専門家に習う

　専門の先生に習うと、良いことがあります。まず、先生の演奏を間近で聴けます。演奏会では、演奏中に演奏家に何が起こっているのか、細かいことまでは遠いので分かりません。近くで見たり聴いたりすると、演奏会以上に吸収できるものがあります。さらに、その先生の考え方や、テクニックや身体感覚を、言葉で知ることができます。

　その先生が素晴らしい奏者だったら、その先生があなたにとっての「標準」になります。レッスンを受けることは、あなたと先生の差を明確にし、自分自身を客観的に知るきっかけになります。

●習う心構え

　レッスンでは、先生をしっかり見ることが大切です。先生がお手本を示したときに楽譜を見たり、よそ見したりしていてはいけません！　コンサートでは耳を使い、レッスンでは目を使いましょう。

　レッスン中に「言葉」で教えてもらえる情報は、実はそれほど多くありません。先生の出す音を吸収しようと思い、先生のまねをしていけば、どんどんうまくなります。先生から盗む気持ちで臨みましょう！　五感と身体感覚をフルに働かせてまねすることが大事です。

　それから、誤解している人も多いのですが、先生に「教えてもらう」つもりではレッスンに行かないことです。先生に勝つくらいのつもりで、積極的に臨んでください。私はいつも、先生にとって「いちばん印象的な」生徒でありたいと思ってレッスンに臨んでいました。

●レッスンを実り多くするポイント

①先生から課題を指摘される前に、自分なりの課題を見つけて克服していきましょう。すると次のレッスンでもっと上の課題を出してもらえます。先生が教えようとすることのさらに上を目指すのです。

②同じ注意を二度、三度とされないようにしましょう。プロの現場では同じことを何度も注意されたら、使ってもらえなくなります。

③レッスン経験が増えると、先生ならどう吹くか想像できるようになります。それを先取りして演奏に役立てましょう。

●教えるときのコツ

あなたが後輩に教えることになったときは、教えるために気を張って頑張る必要はありません。ただ、自分のやっている姿を後輩に見せるだけでいいのです。ふだんあなたが心掛けていることをそのまま実践しましょう。

私も先輩のやっていることをまねしましたが、やる気のある先輩だったのでラッキーでした。

教えるときのコツをいくつか伝授しましょう。

①練習内容を提案するのはいいけれど、いつも後輩が自分で選べる部分を残しましょう。「必ずやれ！」と義務を課すのではなく、後輩が自分の考えと意志で練習に取り組む余地を残します。

②他人に教える必要がないのが「やる気」です。やる気を人から教えられたら、楽器を吹くそもそもの理由がなくなってしまいます。

「やる気を出して頑張れ！」と人から言われたくないし、言わせたくないですよね。

やる気がある生徒を教えるとき、私は世界のテューバ界の「今」をどんどん見せます。理論的なことは教えません。生徒が勝手に伸びるからです。逆に、やる気がない生徒を教えるときには、知識を教えます。理論的な発見があったとき、やる気が出てくる可能性もあるからです。

次田心平の素(もと)!

●モチベーションの素!

　私は、挫折こそ上達への第一歩だと考えています。悔しいと思って、次はもっとうまくやりたい、もっと吹けるようになりたい、同じ失敗は繰り返すもんか！　と出てくるやる気が、もっといい演奏をするモチベーションになるからです。

　海外の憧れの演奏家に会うのも大きなモチベーションです。でも、海外まで行くわけじゃありません。音大生時代には、海外の演奏家の来日コンサートがあると、楽屋まで押しかけて、英語はしゃべれないけど交流しました。その場でレッスンにつながったこともあります。レッスンに結び付かない場合もあるけれど、会わない限りはレッスンのチャンスは生まれません。本番を聴いていないのにもかかわらず、楽屋を訪ねたことすらあります。

　演奏会は中高生にとって高い出費ですが、それだけの価値があります。それがきっかけで、世界的な奏者にレッスンを受けられる可能性だって十分にあるのです

●興味の素!

　私は飽きっぽいほうで、スマホのゲームにはすぐに飽きます。好奇心が強いので、何でもとりあえず手を出します。流行(はや)りのものはすぐに入手してしまいます。その好奇心こそが、音楽を続けていられる理由だと思います。音楽に対しても、いつも何か新しいものを見つけたいと思い、新しい活動にもどんどんチャレンジしているのです。

　テレビでスポーツ観戦するのも好きです。バスケットボールやボクシング、ゴルフなどの競技には、音楽と共通する点があり、ヒントを得ることが多いと思っています。選手たちがどんな心持ちで、何を考えているのか？　自分にも置き換えられることはないか？　と音楽と結びつけながら観戦しています。

失敗に学ぶ

●失敗でひとまわり大きくなる

　うまくいかないことだってたくさんあります。テューバのコンクールには大学1年から参加し始めましたが、最初から1位になれたわけではありません。悔しい思いもたくさんしました。しかし、参加しなければ、その悔しさすら味わえません。

　私は、オーケストラに入団してからもコンクールを受けました。「プロフェッショナルのテューバ奏者なんだから1位を取って当然」と周囲に言われましたが、結果はそうではありませんでした。そのときの精神状態といったら……。その次に受けたコンクールでは1位になりましたが、その1位は、前回の経験があったから取れたものでした。

●経験値が成長になる

　同じ失敗を繰り返さないためには、失敗する経験だけでなく、それを乗り越えるためのエネルギーが必要です。失敗した分、成長のバネには大きなエネルギーがたまり、そのエネルギーによって大きく伸びることができます。本番を重ねるということは、失敗と成功のどちらの面でも、経験を増やすことです。

　オーケストラのオーディションの審査をしていると、受験者の経験の多い少ないが、はっきりした違いとして聴こえてきます。彼ら彼女らも、悔しさから得たエネルギーによって自分を伸ばしてきたのでしょう。

　プロフェッショナルの奏者は毎年たくさんのコンサートをこなすので、中にはうまくいかないことだってあります。練習は、本番を100％に近づけるためにしていますが、別の言い方をすれば、どこまで準備しても100％にはなれないから、100％になるための努力を続けなくてはいけないのです。

● **失敗を引きずらない**

　私の場合は、コンクールで失敗したあと、少したつと詳細は記憶から抜け落ちるのに、悔しい気持ちだけは、ずっと長く残りました。昔から負けず嫌いな性格だったからでしょうか。

　オーケストラで、自分が出るべき場所を間違えたり、指揮者が本番で急にリハーサルの倍のテンポで振りはじめて、吹けなかったり……。そういう失敗はよく覚えていますが、別にそれで世の中が終わるわけではありません。プロになりたての頃は、失敗をかなり長く引きずりましたが、今はほとんど引きずらなくなっています。言ってみれば、敗戦投手の気持ちでしょうか？次のチャンスは必ずあります！

● **大胆な失敗**

　この際だから、私の失敗例を公開しておきましょう。
- ▶本番の会場で楽器ケースを開けたら、楽器が入っていなかった！
- ▶本番の会場で楽器ケースを開けたら、マウスピースがなかった！
- ▶リハーサルが楽しくて、本番前にさらいすぎて、本番でバテた。
- ▶ベートーヴェンの《第九》をマーラー版で演奏したとき、テューバの入りで落ちた。テューバの入りがいつもの《第九》より早いからか、頭はちゃんと起きているのに体が寝ていた。ちなみに、バス・トロンボーンも一緒に落ちた。再現部では、どちらもちゃんと吹いたのですが……。
- ▶セルジオ・カロリーノの出演の後の演奏だったとき、彼の楽器を借りた。ツバがたまっていたから第4抜き差し管を抜いたら、その管を戻せなくなった。彼はこの管をふだん抜かないから、全然グリスを塗っていなかったのが原因。「セルジオ、入らない！」と言ったら、セルジオは「Good luck！」笑顔で返してきました。

　失敗したら、「落ち込まない！」「開き直る！」「楽器のせいにする！」「失敗の原因を把握したうえで、忘れる！」ことをお勧めします。

一生音楽と付き合うために

●視野を広くもとう

　せっかく、テューバという楽器に出合ったのに、吹奏楽だけ、コンクールだけを目指していたら、つまらなくないですか？　テューバが関わる音楽の世界は、もっと広いものです。自分から視野を狭くしないで、まわりに目を広く向けましょう。

　「コンクールいいな」から「音楽いいな」へ、「音楽いいな」から「テューバいいな」へつなげましょう。コンクールだけでなく、ソロやさまざまな編成のアンサンブル、さらにはオーケストラなど、いろいろチャレンジしましょう。

●音楽はどこでもできる

　中高生読者のみなさん、今は部活で演奏している人も多いかもしれないけど、卒業したら、次はどこで音楽をやりますか？　部活がなくなるから、楽器をやめる？

　今は部活に夢中で、部活の中で楽器を吹くことしか考えられないかもしれないけど、テューバを吹くのは、部活じゃなくてもできること。卒業後はもちろん、在学中からだって学校の外で一般吹奏楽団を探したり、アンサンブルを作ったりできます。環境のせいにして自分からあきらめて終わるのはもったいない話！　せっかく好きになって始めたテューバ。うまくいかないことがあったら、別の角度から捉えたり、逆の発想から考えてみたりしましょう。

●より良い演奏を探す

　ほかの人の演奏に興味をもてば、より良いものが見つかってくるし、コンサートにも行きたくなる。行っていたら、今度は自分が吹きたくなる。そう

したら、必然的にテューバを続けていくしかなくなります。吹奏楽部の活動で忙しいからコンサートに行かない、という話をよく聞きますが、これも本当にもったいない話。本当に興味があるコンサートだったら、聴きにいって、刺激を受けて、自分の演奏にだって影響があるはず。

そういう機会をみすみす逃して、ほかの人たちの演奏を聴かないのに、自分（たち）の練習、自分（たち）の演奏だけ続けていても、本当に上達できるのかなあ？

部活優先と言われたら、顧問の先生にはっきり「このコンサートに行きたい」と伝えて、ダメと言われてもさからえるくらいでいいと思います。楽器を吹くだけが上達の道ではありません。

●効率の良い練習をする

がむしゃらに頑張っているけど効率が悪い練習や、ただ「練習をやった」という自己満足しかない練習だと、後に何も残りません。もちろん練習は頑張るんだけど、頑張った事実よりも、何を頑張って上達させたか、練習の中身が大事。自分自身はリラックスして冷静な状況にして、いつも自分の課題を考えながら練習しましょう。今日の練習は、本当にベストの練習ができたかな？　もっと自分を伸ばせる練習方法はないかな？　と探し続けるんです。

楽器を吹くときも、無理に頑張って吹くのではなく、平常心でいられるように吹きましょう。やる気があっても、それが体には出ないように気を付けましょう。やる気がかえってアダになって、体が硬くなる人もいます。

●楽器を通じて身に付くもの

ところで、楽器を頑張っていく過程で知らず知らずのうちに身に付くものがけっこうあります！　例えば、人との付き合い方や言葉遣い、礼儀作法など、一般社会で役立つものもあれば、例えば練習を続けていく根気や、効率良い練習を考えて工夫する力など、人間としての力になっていくものも多いと思います。テューバを通じてそうした成長を経験できることは、考えてみるとすごいことだと思います。テューバに出合えてよかった！

おわりに

　私の中で別格の天才テューバ奏者が一人います。それはセルジオ・カロリーノ。彼は本当に素晴らしくて、何でも吹けちゃう天才です。その彼も、学生時代にはものすごくたくさんさらったと自分で言っていました。そう自負できるくらいの練習の裏打ちがあるのがすごいですよね。彼は今、世界を飛び回って活躍するテューバ奏者になっています。

　そういう存在が将来日本から出てくれたらうれしい。そういうテューバ奏者誕生のきっかけになれたらうれしい。そう願いながら、この本をまとめました。何人の人がこの本を手にして読んでくれるのか、まだ想像もつかないけれど、テューバと出合ったその日からこれまでに経験してきたこと、教わったこと、発見したことをできるだけ盛り込んだつもりです。

　将来、目の前にすごいテューバ奏者が突然現れて、「この本を読みました！」と言ってくれることを、とても期待しています。

2019年2月

次田心平

特別寄稿

「本番力」をつける、もうひとつの練習
誰にでもできる「こころのトレーニング」

大場ゆかり

　演奏によって、私たちの心を動かし、魅了してくれるすばらしい音楽家たちは、表現力が豊かで卓越した演奏技術はもちろんのこと、音楽に対する深い愛情をもち、音楽を楽しむ気持ちを大切にしています。そして、音楽や自分なりの目標や夢の実現に向け、真摯に音楽と向かい合っています。また、逆境やアクシデントをチャレンジ精神やポジティブ・シンキングで乗り越える強さとしなやかさもあわせもち、演奏前や演奏中には高い集中力を発揮しています。

　さて、日々の練習の集大成として最高のパフォーマンスをするため、本番に理想的な心理状態で臨むためには、心の使い方や感情・気分のコントロールができるようになることが必要です。

●こころのトレーニングを始めよう!

　まずは、これまでやっていたこと、できそうなこと、やってみようかなと思えることに意識的に取り組んでみましょう。

①練習前後に深呼吸をしたり、目を閉じて心を落ち着かせる
　　緊張・不安、やる気のコントロール
②練習中に集中できなくなったときに体を動かしたり、気分転換をする
　　集中力の維持・向上
③ちょっとした空き時間や移動時間を利用して曲のイメージを膨らませる
　　イメージトレーニング
④本番で拍手喝さいを受けている自分を想像する
　　イメージトレーニング

⑤練習記録をつける
　目標設定とセルフモニタリング（記録と振り返り）
⑥寝る前にストレッチやリラックスする時間をとる
　ストレスの予防・対処

●「練習記録」と「振り返り」でステップアップ！

　上達のためには、本番や目標への取り組み過程や練習内容・成果、体調・気分、できごとを記録し、振り返ることが大切です。記録と振り返りを行うことにより、自分の状態や課題、自分自身の体調や気分の波、練習の成果が現れるプロセスやパターンに気付けるようになります。また、記録することで、取り組み内容や頑張ってきたこと、工夫したことなどを、自分の目で見て確認することができるため、やる気を高く保つことにもつながります。本番前など不安が大きくなったとき、自信がもてないときに、あなたの練習記録があなたを励まし、本番に向かう背中を押してくれることでしょう。

練習記録の例

わたしの練習日記

日付	できた？	練習内容	結果	体調・気分
4月8日(月)	△	基礎練	スケールをいつも間違える	寝不足
4月9日(火)	◎	課題曲の C	うまくできた	元気
4月10日(水)	○	パート練	E のユニゾンがそろった！	元気
4月11日(木)	△	譜読み	臨時記号で間違える	だるい
4月12日(金)	○	課題曲の全体合奏	いい感じ！	◎！
4月13日(土)	×	イメトレ	模試でほとんどできなかった	微熱
4月14日(日)	○	ロングトーンとスケール	10分だけだったけど、集中していい音が出せた	元気。午後からは遊んだ

《4月2週目まとめ》　←振り返る（1週間でなく1か月単位でもよい）
●先週より音が良くなってきたかも。
●指はやっぱり難しいから来週はゆっくりから練習しよう。

● 「振り返り」のポイント

　これまで練習してきたことや取り組んできた課題、目標が十分に達成できたかについて考えましょう。

　本番の成績や順位、点数、合否、ミスタッチの有無など「結果」も気になりますが、「プロセス（これまでの頑張り）」に注目しましょう。

●音楽と長く楽しく付き合っていくこと

　心理学者のアンジェラ・リー・ダックワース博士は、一流と呼ばれる人たちは、生まれもった才能や資質に恵まれている特別な人なのではなく、グリット（やり抜く力）と呼ばれる一つのことにじっくりと取り組み、失敗や挫折にめげずに粘り強く取り組む力や努力を続ける力が非常に高いことを明らかにしました。ダックワース博士は、「努力によって初めて才能はスキルになり、努力によってスキルが生かされ、さまざまなものを生み出すことができる」と言っています。たとえ、2倍の才能があっても2分の1の努力では決してかなわないというのです。

グリット（やり抜く力）

●情熱
・一つのことにじっくりと取り組む姿勢
・長期間、同じ目標に集中し続ける力

●粘り強さ（根気）
・挫折にもめげずに取り組む姿勢
・必死に努力したり挫折から立ち直る力

せっかく始めた音楽を「才能がない」「素質がない」と言ってあきらめてしまったり、頑張ることをやめてしまったら、それは、自分で自分の可能性の芽を摘み、自らできるようになる未来を放棄してしまっていることと同じことになってしまいます。もし、「どうせ」「無理」「できない」と弱気の虫が出てきてしまったら、あきらめてしまう前に、音楽を好きだ・楽しいと思う気持ちや、初めて楽器に触れたときのこと、初めて良い音が出せたと思えたときのこと、仲間や聴衆と心を通わせ音を合わせて紡いだメロディーや一体感を思い出してみてください。

　そして、できない・うまくいかない今のことばかりにとらわれ続けて、ただやみくもに練習を繰り返すのではなく、できるようになった未来を明確に思い描きながら、できない今とできるようになった未来の違いを考えてみましょう。

　そうすると、できるようになるためにどうすればよいのか、今、自分に必要な練習は何か、乗り越えるべき課題は何かをはっきりさせることができます。さらに、うまくできている人のまねをしてみたり、うまくいくコツを見つけたり体感したりしながら、さまざまな工夫や試行錯誤を繰り返すことが、課題を克服するための具体的で現実的かつ効果的な練習にもつながります。

　才能や能力は伸びるものだと信じ、「今はまだできなくても、練習すればできるようになる」と考えるようにすると、今はまだできない課題の克服のための努力や挑戦を続けていく力が生まれてきます。まずは、「必ず、できるようになる！」と強く信じ、日々、できたことやできるようになったことに注目しながら、あきらめず、粘り強く、できるようになっていくプロセスを楽しみつつ、音楽と長く楽しく付き合っていってください。

大場ゆかり　九州大学大学院人間環境学研究科博士後期課程修了。博士（人間環境学）。武蔵野音楽大学専任講師としてメンタル・トレーニング等の講義を担当。『もっと音楽が好きになる　こころのトレーニング』を音楽之友社より刊行。

著者プロフィール

Photo © Masato Okazaki

次田心平（つぎた・しんぺい）

読売日本交響楽団テューバ奏者。侍Brass、ワーヘリ、The TUBA band、なにわ《オーケストラル》ウィンズの各メンバー。洗足学園音楽大学准教授。東京音楽大学、尚美ミュージックカレッジ専門学校コンセルヴァトアールディプロマコースで講師を務める。第24回日本管打楽器コンクールにおいて満場一致の第1位を獲得。これまでにソロCDとして「TuBest !」「Mr. Tuba !」（ともにオクタヴィア・レコード）をリリース。

もっと音楽が好きになる 上達の基本 テューバ

2019年 3月31日　第1刷発行
2019年 11月30日　第2刷発行

著者	次田心平（つぎた しんぺい）
発行者	堀内久美雄
発行所	株式会社　音楽之友社

　　　　　〒162-8716　東京都新宿区神楽坂6-30
　　　　　電話　03（3235）2111（代表）
　　　　　振替　00170-4-196250
　　　　　https://www.ongakunotomo.co.jp/

装丁・デザイン	下野ツヨシ（ツヨシ＊グラフィックス）
カバーイラスト	引地 渉
本文イラスト	かばたたけし（ツヨシ＊グラフィックス）
楽譜浄書	中村匡寿
写真	岡崎正人
編集協力	木村圭太
印刷・製本	共同印刷株式会社

©2019 by Shimpei Tsugita　Printed in Japan
ISBN978-4-276-14589-4 C1073

本書の全部または一部のコピー、スキャン、デジタル化等の無断複製は著作権法上の例外を除き禁じられています。また、購入者以外の代行業者等、第三者による本書のスキャンやデジタル化は、たとえ個人や家庭内での利用であっても著作権法上認められておりません。
落丁本・乱丁本はお取替いたします。